焦裕禄精神

中共河南省委组织部　编写

河南人民出版社

图书在版编目(CIP)数据

焦裕禄精神 / 中共河南省委组织部编写. — 郑州 : 河南人民出版社, 2021. 2(2024. 5 重印)
ISBN 978-7-215-12679-4

Ⅰ. ①焦… Ⅱ. ①中… Ⅲ. ①焦裕禄(1922-1964)-先进事迹-学习参考资料 Ⅳ. ①D263

中国版本图书馆 CIP 数据核字(2021)第 038258 号

河南人民出版社出版发行
(地址:郑州市郑东新区祥盛街 27 号 邮政编码:450016 电话:65788066)
新华书店经销 河南新华印刷集团有限公司印刷
开本 710 毫米×1000 毫米 1/16 印张 14.75
字数 167 千字
2021 年 2 月第 1 版 2024 年 5 月第 3 次印刷

定价:39.00 元

传承红色基因　奏响时代强音

孔昌生

2019年9月，习近平总书记视察河南时强调，“焦裕禄精神、红旗渠精神、大别山精神等都是我们党的宝贵精神财富”，“要抓好党史、新中国史的学习，用好红色资源，增强党性教育实效”。根据这一重要指示精神，中共河南省委组织部组织开封、安阳、信阳等省辖市委组织部，优化整合“三学院三基地”既有研究成果，编写了《焦裕禄精神》等6本河南党史党性教育学习丛书，这对于引导广大党员干部在接受红色教育中传承红色基因，把革命先烈为之奋斗、为之牺牲的伟大事业奋力推向前进具有重要意义。

传承红色基因，重在做好“内化”文章，从红色精神中汲取信仰力量。红色基因凝结着中华民族的文脉传承，昭示着中国共产党人的先进品质。中国共产党一路走来，无论是在风雨如磐的革命岁月、筚路蓝缕的建设时期，还是在春潮涌动的改革年代、走向复兴的新时代，在领导中国人民进行革命、建设和改革的伟大实践中，淬炼形成了红船精神、井冈山精神、长征精神、延安精神、“两弹一星”精神、载人航天精神、伟大抗疫精神等蕴含红色基因的革命精神,为中华民族迎来从站起来、富起来到强起来的伟大飞跃提供了强大精神支撑。在中国共产党的坚强领导下,根植于中原深厚优秀传统文化,河南铸就了生生不息的焦裕禄精神、红旗渠精神、大别山精神、愚公移山精神、新乡先进群体精神、南水北调精神,成为中国共产党人红色基因和中华民族伟大精神谱系的重要组成部分。这些精神是河南人民砥砺奋斗的生动写照,蕴含着鲜明的政治立场、坚定的信仰信念、深厚的人民情怀、崇高的革命精神、优良的作风纪律,无论过去、现在还是将来,都是激励我们开启新征程、扬帆再出发的强大精神动力。用好用活这套党史党性教育学习丛书,有利于推动社会各方面进一步加大研究挖掘、学习弘扬力度,不断增强红色教育的感染力和吸引力;有利于推动广大党员干部从红色精神中滋养初心、淬炼灵魂、汲取信仰的力量。

传承红色基因,重在做好"深化"文章,在走心互动中丰富红色课堂。红色基因作为先进思想文化因子的高度凝练和升华,早已深深地融入我们党的灵魂血脉之中。随着党的事业不断发展,对干部教育培训如何适应传播规律、融入时代元素、丰富红色课堂,推动红色精神不断走心入心提出了新的课题。新时代更好地传承红色基因,需要在拓展内涵上求深化,与学习贯彻习近平新时代中国特色社会主义思想相结合,与学习贯彻习近平总书记视察河南重要讲话精神相结合,与学习党史、新中国史、改革开放史、社会主义发展史相结合,探索创新参与式、体验式、互动式的方式方法,充分发挥河南红色教育基地的震撼作用、先进典型的示范作用、反面教材的警示作用,把强有力的理论灌输和启发式的情感传输结合起来,做到以理服人、以史鉴人、以文化人、以情感人、以景触人，让干部既感动“一阵子”，更受用“一辈子”。需要在创新载体上求深化，积极借鉴人们喜闻乐见的传播方式，既注重发挥红色经典文学、音乐、影视等基础载体作用，又注重利用歌舞、绘画、戏剧等艺术形式；既借助和依托报纸、杂志、广播、电视等主流媒体影响力，又提升网站、微信、微博、抖音等新兴媒体传播力，打通教育引导、环境熏陶、作品感染、文艺浸润、典型示范等环节，推动传承工作与时俱进，让红色基因焕发新的时代光芒。

传承红色基因，重在做好“转化”文章，让红色教育不断彰显时代价值。一个国家、一个民族，唯有精神上站得住、站得稳，才能在历史洪流中屹立不倒、挺立潮头。当今世界正经历百年未有之大变局，中华民族伟大复兴正处于关键时期，改革发展稳定任务之重、矛盾风险挑战之多前所未有，更要求我们以深远的历史视野和宽广的世界眼光，坚守初心、领悟使命，扛起责任、担当作为。站在“两个一百年”的历史交汇点上，让源于河南的红色精神绽放新的时代光彩，需要我们把深入开展红色教育、学习弘扬红色精神，放在统筹推进“五位一体”总体布局、协调推进“四个全面”战略布局的大背景下来审视，以新的精神状态和奋斗姿态把新时代河南的各项事业推向前进；放在把握新发展阶段、贯彻新发展理念、构建新发展格局的历史进程中来深化，使党的宝贵精神财富转化为推动河南改革发展稳定的强大力量；放在推进全面从严治党向纵深发展、向基层延伸、向常态聚力的工作格局下来谋划，持续打造忠诚干净担当的高素质干部队伍，厚植党的执政根基，切实将学习成效转化为维护核心、对标看齐的政治自觉，转化为忠诚信仰、坚定信念的思想自觉，转化为凝心聚力、不懈奋斗的行动自觉,为全面建设社会主义现代化新河南、谱写新时代中原更加出彩的绚丽篇章贡献智慧和力量。

岁月无痕,精神如碑。党的十八大以来,河南省委深入学习贯彻习近平总书记关于传承红色基因的重要指示批示精神,立足河南独特的红色资源优势,统筹创办了焦裕禄干部学院、红旗渠干部学院、大别山干部学院、愚公移山精神教育基地、新乡先进群体教育基地、南水北调精神教育基地等“三学院三基地”,着力打造党性教育特色阵地,在加强红色教育、集聚发展动力、提升河南形象方面发挥了重要作用。

在中国共产党迎来建党100周年之际,这套丛书的出版,必将对广大党员干部加强思想淬炼、政治历练、实践锻炼、专业训练,学出坚定信仰、学出对党忠诚、学出政治自觉,更好地固本培元、凝心铸魂、补“钙”壮“骨”,奋力推进河南现代化建设产生有力的促进作用。

目　录

附录

第一章
焦裕禄精神的形成发展

焦裕禄是人民的好公仆、共产党员的杰出代表。50 多年来,焦裕禄精神像扎根于兰考大地的焦桐一样,激励着一代又一代党员干部开拓进取、勇往直前。在不断掀起焦裕禄精神学习热潮的过程中,越来越多的人追问:焦裕禄精神是怎么形成的？他是如何从一位贫苦农民成长为一名优秀的党员干部的？焦裕禄精神是如何传承弘扬的？本章将聚焦这些问题,力求解答党员干部群众在学习焦裕禄精神过程中产生的一些疑问。

一、焦裕禄精神的形成过程

根据焦裕禄的成长经历,我们可以将焦裕禄精神的形成过程分为孕育萌芽、形成发展和弘扬光大三个阶段。

（一）孕育萌芽阶段

焦裕禄，1922年出生，1945年参加革命工作，1946年1月入党。这一时期，既是中国社会急剧变化的时期，历经军阀混战、日本侵华战争和解放战争，也是焦裕禄世界观、人生观、价值观形成的关键时期。自身的悲惨遭遇和党的政策的宣传教育是促使焦裕禄精神孕育萌芽的两个主要因素。

焦裕禄青少年时期的悲惨遭遇为焦裕禄革命精神的塑造打下了阶级基础。焦裕禄出生在山东省淄博市博山区北崮山村一户贫苦的农民家庭，受生活所迫，从小就要下地干活。焦裕禄的家境本来还算不错。1955年12月，他在《党员历史自传》档案中是这样概括他的家庭状况的："从出生到15岁，家庭有15口人，15亩地，牛2头，骡子1头，房子20余间。全家依靠种地生活，农闲时开一小油坊，打蓖麻油，资金大部是外债。"幸运的是，焦裕禄当时读了四年私塾，并在舅舅的资助下，接受了高级小学教育；不幸的是，在帝国主义、封建主义、官僚资本主义这"三座大山"的压迫下，焦家同其他家庭一样不可避免地走向衰败。父亲焦方田因债务被逼上吊自杀，哥哥逃荒不知去向，焦裕禄不得已承担起了养家糊口的全部重担，辍学后以做学徒、推独轮车、卖油、下煤窑、要饭等方式谋生，尝尽了生活的艰辛。后来在辽宁抚顺大山坑煤矿虎口逃生的经历，更是让焦裕禄体会到了生活的悲惨艰难。侥幸逃回之后，由于没有"良民证"，焦裕禄无法在家乡立足，被迫携妻带子逃难到江苏宿迁，给地主胡泰荣当了两年雇工。更为悲惨的是，在逃难到江苏途中，因为火车上人多，儿子被活活挤死。这些国仇家恨和悲惨遭遇对青年焦裕禄产生了重要影响：一是让焦裕禄看透了日本帝国主义和国民党反动派的凶残本质，为他以后选择投奔共产党，坚决与敌人作斗争打下了重要的阶级基础;二是初步孕育了焦裕禄不向命运屈服的坚毅性格和敢于与困难作斗争的迎难而上的精神;三是初步孕育了焦裕禄的亲民爱民思想,对贫苦农民和劳苦大众有着深刻的同情和天然的阶级感情,有了较为坚定的人民立场。

焦裕禄在阴冷的矿井下,从事繁重劳动(油画,兰考焦裕禄同志纪念馆供图)

党的方针政策的宣传教育为焦裕禄精神的孕育萌芽奠定了思想基础。从焦裕禄的人生遭遇来看,早年他居无定所,整天为生计所困,思想一直处于苦闷和迷茫状态,犹如浮萍一样,找不到人生的出路。艰难困苦,玉汝于成。内心的彷徨、压抑、困惑、挣扎,激烈的思想斗争,是激发焦裕禄寻找光明的强大动力。悲惨遭遇让焦裕禄的思想认识不断发生变化,他坚忍不拔的性格也在复杂的心路变化历程中开始孕育萌芽。焦裕禄个人自传显示,早年他对共产党了解很少,还曾对蒋介石政权抱有幻想,寄希望于国民党赶走日本侵略者,让老百姓过上好日子。但一件事彻底让焦裕禄陷入了绝望。在父亲死后，为维持生活，焦裕禄在南崮山村酒店赊了一担酒，与本村焦念钢、焦念石一起去沂水县城卖酒，然后用卖酒的钱买油，再将油担回来卖，以此挣钱，没想到在临朐县碰上了国民党游击队，酒桶被国民党士兵用刺刀刺穿，让焦裕禄赔了大本，回家后再也不敢出门了。通过这次遭遇，焦裕禄才进一步认识到了国民党游击队是祸害人民的土匪，之后打消了对蒋介石政权的幻想。此时的焦裕禄感到迷茫、痛苦和绝望。他在自传中写道："这时候主要思想是痛恨日寇和汉奸，怀疑八路军成不了大事，对蒋介石抗日也失去了幻想，但到底谁能抗日，谁能叫穷人过好日子，弄不清也不知道依靠谁，只好走着说着。"焦裕禄的人生转折和思想转变是在与共产党有了广泛接触，接受党的方针政策的宣传教育后才得以实现的。1945 年，新四军北上解放了宿迁，建立了人民政权。焦裕禄目睹了宿迁老百姓当家做主的过程，开始认识到共产党才是为老百姓办事的。在党的宣传教育下，焦裕禄渐渐了解并接受了党的主张，返回家乡后不久就加入了地方民兵组织。焦裕禄在自传中写道："宿迁解放后经常参加开会，才更明确认识了八路军共产党才是真为人民办事的，才真正相信共产党能胜利。"参加民兵后不久，焦裕禄就开始积极向组织靠拢，于 1946 年 1 月光荣地加入了中国共产党。入党后，焦裕禄积极为党工作，先后参加了解放博山县城、剿匪反霸、土地改革、"三查三整"等革命工作，处处起带头作用，经受住了血与火的生死考验。在党的培养教育下，焦裕禄很快成长为一名优秀的党员干部，被任命为博山县八陡区武装部干事，初步树立了在党忧党、对党忠诚、为民谋利的初心和使命意识，显示了坚定的理想信念、强烈的革命精神和艰苦奋斗精神。焦裕禄在自传中回忆了当时的思想状况："这时对党是干什么的一点也不知道，只知道共产党对穷人好，自己自从共产党来了才有出路了，入党要好好干工作，在各种工作（中）起带头作用。”这句话是他思想蜕变的标志，虽然很朴实，但是显示了入党的初心和责任担当意识，成为他以后为官做人处世的座右铭。对穷人好，处处起带头作用，是焦裕禄亲民爱民、严以自律等思想的萌芽。

1947 年 10 月，焦裕禄随军南下，于 1948 年 2 月来到尉氏，继续开展土地改革和剿匪反霸工作。在尉氏任职 5 年间，焦裕禄历任尉氏县彭店区区委委员、区工作队指导员，大营区党委委员、指导员、副区长、区长，县武装部政委、宣传部干事、团县委副书记和青年团陈留地委宣传部部长、青年团郑州地委第二书记等职。焦裕禄先后参与了土地改革、剿匪反霸、动员志愿兵、发展生产和青年团建设等一系列革命工作，为他走上更高级别领导岗位奠定了坚实的政治基础。这一时期是战后国民经济恢复与发展时期，也是焦裕禄精神不断成长发展时期，主要体现在四个方面。

焦裕禄（前排右一）在尉氏县任团县委副书记时在省团校培训合影（兰考焦裕禄同志纪念馆供图）

焦裕禄的亲民爱民思想得到充分显现。在尉氏开展土地改革和剿匪反霸运动期间，为了发动群众，焦裕禄经常带领工作队深入群众访贫问苦，帮助他们排忧解难，拉近与群众的距离，培养了一大批像刘庚申、李明这样的贫农干部。和他在一起工作的同志和群众用“三不说话”评价焦裕禄：不笑不说话，不叫大娘大爷不说话，不叫哥嫂不说话。

焦裕禄的军事领导才能和迎难而上精神得到充分展现。在剿匪反霸期间，土匪头子黄老三不但欺男霸女，杀人放火，而且心狠手辣，奸猾狡诈。焦裕禄与其斗智斗勇，通过发动群众、深入虎穴、巧施反间计、分化瓦解等策略，三擒两纵黄老三，最终彻底清除了黄老三等一帮土匪，为大营区的生产建设赢得了稳定的发展环境。群众评价说，“打倒黄老三，大营晴了天”。此外，焦裕禄还巧用空城计吓退了许昌保安团洪启龙的进攻。

1949 年春，焦裕禄在河南省尉氏县宣传党的土地政策，发动群众进行土地改革（油画，兰考焦裕禄同志纪念馆供图）

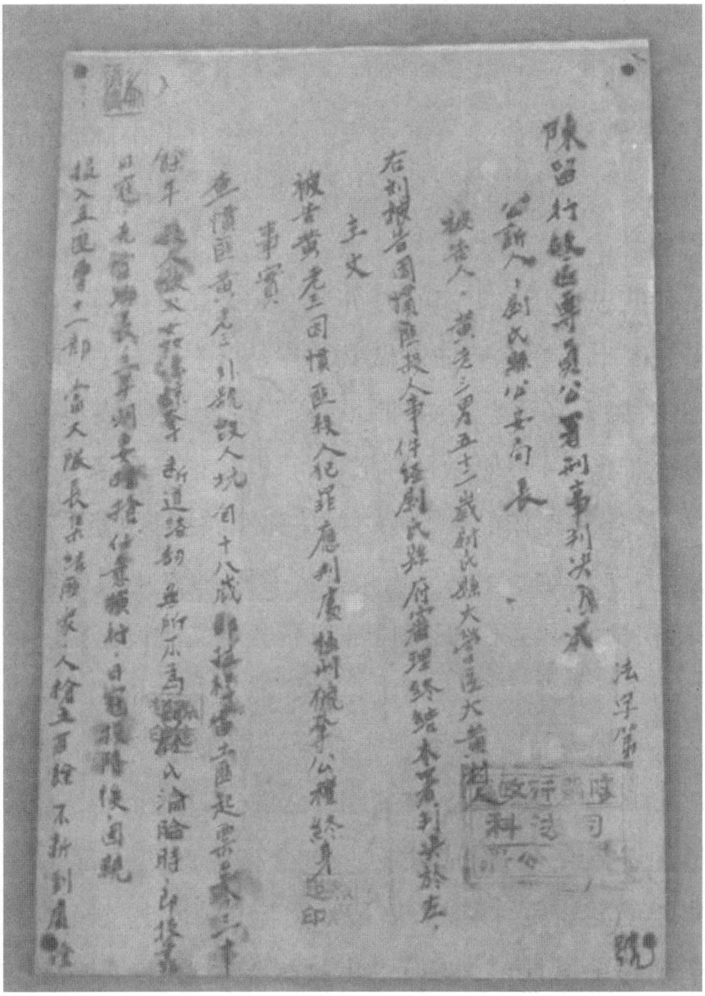

1949 年春，对焦裕禄亲自捉拿的顽匪头子黄老三的判决书（兰考焦裕禄同志纪念馆供图）

焦裕禄的群众路线和调查研究等工作方法得到广泛应用。为了解贫雇农受剥削压迫情况，焦裕禄经常深入基层，做群众的思想教育及宣传工作，反复宣传党的方针政策，解除群众的思想顾虑。为了鼓励妇女参与农业生产，焦裕禄广泛开展调查研究，发现和树立了一名发展生产的先进典型——王小妹,并在全县组织了一场生产观摩会。其间,他还即兴编了一段顺口溜:“王小妹,十六岁,斗地主,抓土匪,犁地耙地她都会……学习王小妹,赶上王小妹,咱是青年的先锋突击队。”王小妹这个典型,极大地鼓舞了广大妇女参加农业生产的积极性。

焦裕禄的思想政治工作能力得到很大提高。由于工作需要,县、区绝大多数团干部经常被抽调做党的中心工作。一些同志认为,团的工作难做,搞不好重心,党委批评;搞不好业务,上级不依。他们之间存在着畏难情绪,不愿做团的工作。焦裕禄却形象地对他们说:“团的工作是党的工作的一部分,党是头颅,团是手足,一个人只有头颅,没有手足怎么能行呢?”焦裕禄经常鼓励青年团员要勇于克服困难,坚持在党的领导下,积极投身于社会主义建设。

这时的焦裕禄不仅显示出出色的军事才能,而且展示出了高超的领导艺术和优秀品质,积累了丰富的基层工作经验。他时时处处按党的要求办事,对党忠诚,工作积极,敢于迎难而上,认真地完成组织交给的各项任务,已成长为一名合格的政工干部。尉氏土地改革和剿匪反霸斗争,展现了焦裕禄坚定的革命立场、科学的工作方法和卓越的军事才能,展现了焦裕禄亲民爱民、艰苦奋斗、迎难而上的精神。

(二)形成发展阶段

从1953年开始,为早日实现国家工业化,党中央决定在苏联的援助下实施第一个五年计划。当时,苏联援建的156个重点建设项目中有7个在河南洛阳立项开工。由于工业基础薄弱,熟练的产业工人缺口很大,国家需要大批干部支援工业建设。1953年6月,焦裕禄积极响应党的号召，来到洛阳矿山机器厂工作，先后担任洛阳矿山机器厂筹建处资料办公室秘书组副组长、工程管理科第二副科长。1954年至1956年被选派到哈尔滨工业大学和大连起重机器厂学习，回来后又历任洛阳矿山机器厂第一车间主任、生产调度科科长、厂党委委员等职。算上在哈尔滨工业大学学习和大连起重机器厂实习的时间，焦裕禄在洛阳矿山机器厂工作了9年。9年间，他刻苦钻研，积极学习工业管理知识、毛泽东思想和党的方针政策理论，不仅使自己从农业战线上的“泥腿子”成长为工业战线上的“行家里手”，而且成长为一名敢于以身作则、敢于攻坚克难、敢于严于律己，善于联系群众、善做思想政治工作的领导干部，更加彰显了焦裕禄的亲民爱民、艰苦奋斗、无私奉献精神，突出展现了焦裕禄的科学求实、迎难而上精神，使焦裕禄精神进一步丰富完善。

洛阳矿山机器厂将洛矿时期焦裕禄精神概括为“以厂为家、刻苦钻研、艰苦创业、深入基层、联系群众、勇于开拓”。习近平总书记也评价说：焦裕禄精神孕育形成在洛阳，弘扬光大在兰考。习总书记评价的现实依据在于，焦裕禄在洛阳矿山机器厂的实践已经孕育出焦裕禄精神的五个要素，主要体现在以下几方面：

密切联系群众、关心员工是焦裕禄亲民爱民精神的重要体现。焦裕禄时刻关心员工的疾苦，他把工人看作自己的阶级兄弟，同职工结成了血肉相连的关系。在大连的时候，焦裕禄得知供应科采购员潘凤友从黑龙江把爱人接到大连后没房子住，就把自己两个房间中最大的17平方米的房间让给了他，自己一家7口人挤在只有13平方米的小房子里；在洛阳矿山机器厂，工人刘耀宗生病在家，焦裕禄下班后顾不上吃饭就顶着寒风去探望，把他从楼上背下来送往医院。这样的例子不胜枚举。焦裕禄平时艰苦朴素，平等待人，始终不改劳

焦裕禄在工厂学习(兰考焦裕禄同志纪念馆供图)

动人民本色,始终与职工打成一片,群众身上有多少机油,他身上就有多少机油,赢得了职工的高度信任。

刻苦钻研、吃苦耐劳、遇难争先和自我牺牲是焦裕禄艰苦奋斗、迎难而上、无私奉献精神的重要体现。在哈尔滨工业大学学习期间,只有小学文化水平的焦裕禄争分夺秒地看书,如饥似渴地查阅资料,硬是靠着刻苦钻研通过了本科预科班的考试;在大连起重机器厂机械车间实习期间,焦裕禄积极向调度员学调度,向计划员学做计划,向工人学技术,向书本学专业知识,凭着一股子钻劲儿,仅用半年时间就熟悉了复杂的企业管理知识,正式担任车间主任。在筹建洛阳矿山机器厂期间,焦裕禄吃住在工地,在抢修公路、桥梁和防洪抢险过程中,他临危不惧,身先士卒,不怕困难,极大地鼓舞了大家的士气。

焦裕禄(右)在大连起重机器厂颁发劳动竞赛优胜旗(兰考焦裕禄同志纪念馆供图)

“吃别人嚼过的馍没味道”,重视第一手资料的优良作风已成为焦裕禄科学求实精神的鲜明特征。为了做好工作,焦裕禄经常深入车间,获取第一手资料。在担任一金工车间主任期间,焦裕禄常常拿着图纸钻到机床下,为弄清楚每一个部件。计划员告诉他不必这样辛苦,可以让技术员标上部件名称,焦裕禄却说,那可不一样,要了解一台机床,就得亲自把每一个部件都看明白,吃别人嚼过的馍没味道。“吃别人嚼过的馍没味道”这句话后来成了焦裕禄在兰考治理“三害”时的名言。为了试制新中国第一台直径2.5米大型卷扬机,焦裕禄把行李搬到了车间,跟工友们同吃同住。困了就用板凳当床,用生产资料当枕头。面对一道道难题,焦裕禄迎难而上,采用解剖麻雀的方法,带领老工人和技术人员,从图纸、工艺、工具材料方面,对整台机器的上千个零件一个个进行熟悉。1958年,在焦裕禄的领导和参与下,洛阳矿山机器厂克服重重困难,成功研制出大型卷扬机,填补了此项科研项目的空白。后来，这台机器一直被三门峡观音堂煤矿使用，整整使用了 49 年，且无大修。2007 年中信重工（原洛阳矿山机器厂）将它买回，作为该厂大国工匠精神的体现对外展览。

在洛阳矿山机器厂工作期间，焦裕禄睡过的长凳（兰考焦裕禄同志纪念馆供图）

焦裕禄（前排左五）与厂领导、车间工人、技术人员和苏联专家在我国第一台大型卷扬机前合影留念（兰考焦裕禄同志纪念馆供图）

在洛阳矿山机器厂的工作经历，孕育了焦裕禄不怕困难、勇于创新、科学求实等精神，尤其是科学求实精神成为焦裕禄在洛阳矿山机器厂的突出亮点，为他后来用科学管理的方法治理兰考“三害”提供了重要经验。

（三）弘扬光大阶段

1959 年到 1961 年，受“大跃进”运动和三年困难时期的影响，国家农业生产领域出现了严重的困难局面。为了加强党对农村工作的领导，1962 年，河南省委决定从洛阳矿山机器厂等大型厂矿企业抽调 25 名优秀干部到重灾县扭转困局。焦裕禄榜上有名，不久就被派往开封专区尉氏县担任县委副书记，实现了从工业战线的干部向县委领导干部的身份转变。

1962 年 6 月，焦裕禄被任命为尉氏县委副书记，他在《席苏大队巩固集体经济的试点报告》中批示：“每到一地，都必须向群众讲清形势，讲清前途，讲清党的方针政策，讲明党的态度；每一时期，都必须抓住突出问题，抓住突出思想，抓住突出人物；每一项工作，都必须有调查研究，实行重点与一般相结合，解决思想与解决实际问题相结合，武装骨干与发动群众相结合。下到农村的干部，要实行‘三同’，这样才能抓住思想上和生产上的突出问题，有效地解决这些问题。只有这样才能密切党群关系。”①这段批示表明焦裕禄已经具有较为成熟的基层工作方法。

1962 年 12 月，焦裕禄被调到兰考县，先后任县委第二书记、书记。他到兰考后，坚持用毛泽东思想作指导，把抓领导班子思想建设

① 焦守云：《我的父亲焦裕禄》，人民日报出版社 2016 年版，第 116—117 页。

放在首位，把人民的利益作为一切工作的出发点和落脚点，迅速把工作重心从救灾转移到除"三害"上。焦裕禄通过大量调查研究，制订出了一整套科学的治理方案，在广泛发动群众的基础上，掀起了除"三害"运动的高潮。

1963 年，兰考除"三害"调查队在勘查沙丘（刘俊生供图）

焦裕禄精神在兰考任职期间走向成熟。他亲民爱民，视群众利益高于一切。他常说，共产党员应该在群众最困难的时候，出现在群众的面前；在群众最需要帮助的时候，去关心群众、帮助群众。他在冰天雪地中走村串户访贫问苦，给群众送去温暖与关心。他艰苦奋斗，面对兰考自然灾害的肆虐和贫困落后的实际，带领广大干部群众大力治理风沙、内涝、盐碱"三害"。同时，他坚持与群众同甘共苦。

他的衣、帽、鞋、袜补了又补，缝了又缝。他科学求实，坚持办法要从实践中来，从群众中找。在兰考的475天中，他靠着一辆自行车和一双铁脚板，走遍了兰考的村村落落，对风口、沙丘和河渠逐个丈量、编号、绘图，摸清了“三害”发生演变的特点和趋势，闯出了工程治理和生态治理相结合的新路子，打开了兰考发展的新天地。他迎难而上，去兰考上任前，他就对组织表态：“感谢党把我派到最困难的地方，越是困难越是锻炼人。请组织放心，不改变兰考面貌我绝不离开那里。”①到兰考后，他没有被困难吓倒，而是以共产党人大无畏的英雄

焦裕禄带病坚持工作（油画，兰考焦裕禄同志纪念馆供图）

气概，创造性地制定了一套简便、易行、实用而又符合规律的治理“三害”方法，最终在重重困难中闯出了一条生路。他无私奉献，经常带病坚持工作，直到生命的最后一刻，他想的仍然是人民群众的幸福安康，仍然是如何治理“三害”，如何完成党交给的任务。

1964年5月14日，焦裕禄终因积劳成疾，病逝在工作岗位上，

① 焦守云：《我的父亲焦裕禄》，人民日报出版社2016年版，第138页。

年仅 42 岁。这一时期，焦裕禄理想信念坚定，对党无限忠诚，始终牢记党的宗旨，全心全意为人民服务，充分彰显了亲民爱民、艰苦奋斗、科学求实、迎难而上、无私奉献的崇高精神。

二、焦裕禄精神的成因探析

从焦裕禄的成长历程来看，焦裕禄精神的形成早期受到个人成长经历、优秀传统文化、家庭和学校教育的影响，后期主要源于共产党优良传统的影响和党的培养锻炼。

（一）个人成长经历

焦裕禄精神的形成与焦裕禄的自身悲惨遭遇有着重要关系，苦难经历和非凡体验使焦裕禄对人生有了更多更深刻的思考。

孟子曾说过：故天将降大任于斯人也，必先苦其心志，劳其筋骨，饿其体肤，空乏其身，行拂乱其所为，所以动心忍性，曾益其所不能。这句话形容焦裕禄的人生经历再恰当不过了。焦裕禄的青少年时代命运多舛，富于传奇。正是不平凡的经历造就不平凡的人生和体验，最终孕育出了焦裕禄精神。他早期经历了贩煤求生、被抓到日伪大山坑煤矿做苦工、宿迁逃荒打工等厄运，过着颠沛流离、食不果腹、生命时遭威胁的悲惨生活，直到遇到了中国共产党，在革命的舞台上才逐渐历练成一名有着出色领导才能、为人民甘于奉献的优秀共产党员和领导干部，实现了人生的华丽蜕变。

焦裕禄自身悲惨遭遇主要表现在三个方面。一是成长大环境悲惨。焦裕禄青少年时代经历了军阀混战、抗日战争和解放战争，尤其是日本的侵略压榨对焦裕禄家庭的影响是致命的。二是家庭变故。父亲因债务被逼上吊自杀，哥哥逃荒在外联系不上，生活的重担落在焦裕禄身上。三是焦裕禄两次被抓，九死一生。焦裕禄辍学后，当煤矿苦工，两次被抓坐牢，在抚顺大山坑煤矿死里逃生。同去的十几人不到一个月，仅剩下3人，其余全被折磨致死。他幸运逃出后带上妻子、孩子逃亡到宿迁扛长工。

焦裕禄被押到东北抚顺大山坑煤矿，被迫给日寇做苦工（兰考焦裕禄同志纪念馆供图）

在河南省档案馆，有一段当年焦裕禄写的《党员历史自传》，上面写道："1943年，我21岁，逃荒到宿迁县城东15里双茶棚村，在已早逃荒去的黄台村几家老百姓家住下……我给开饭铺姓张家担水，混几顿饭吃。半个月后，张介绍我到城东二里第二区园上村地主胡泰荣家当雇工。我在胡家当了2年雇工，第一年挣五斗粮食（每斗

14 斤),第二年挣一石五斗……"①

1945 年博山县城解放时,解放军进入博山县城的情景②

1945 年抗日战争胜利后,焦裕禄积极参加民兵组织,投身解放事业(油画,兰考焦裕禄同志纪念馆供图)

① 焦守云:《我的父亲焦裕禄》,人民日报出版社 2016 年版,第 33—34 页。

② 图片摘自崔振德、韩克新主编:《博山沧桑百年》,中国文联出版社 2004 年版。

焦裕禄前半生是非常悲惨的，家破人亡，过着逃亡生活，这让他对贫苦农民有着天然的阶级感情和深切同情，对过上稳定的幸福生活有着强烈的渴望，对共产党怀着强烈的感恩心理，后来他对建设新中国焕发出强大热情就不难理解了。

（二）优秀传统文化

焦裕禄老家在山东博山县，位于春秋时的齐国和鲁国交界处，是孔孟之乡和礼仪之邦，属于齐鲁文化的发源地，文化底蕴相当深厚。博山民风淳朴、守道重义，历史上既有包括“一代帝师”孙廷铨在内的6位尚书先贤，又有“孝妇河畔三文人”蒲松龄、王渔洋、赵执信3位文化名家，是全国有名的孝文化发源地。齐鲁文化的核心是儒家学说，是中国传统文化精神的基础，它的主要内容可以概括为自强不息的刚健精神、崇尚气节的爱国精神、厚德载物的仁道精神、聪明睿智的创造精神、勤劳勇敢的奋斗精神、人定胜天的能动精神、民贵君轻的民本精神等，包括诗书文化、孝道文化、诚信文化、廉政文化等方面。在长期的历史发展和社会生活中，以孔孟为代表的儒家文化的思想和主张，广泛而深入地渗透到博山民众的观念、行为、习俗、信仰、思维方式和情感模式之中，自觉不自觉地成为人们安排自己的生活、处理各种事务、协调各种关系、参与社会生活的基本原则和指导方针，成为民风民俗生成和发展的基本遵循。特别是彰显儒家文化的齐鲁家风，体现着以“孝”“悌”为本的人格修养、以“信”“恕”为本的社会关爱和以“忠”“义”为本的家国情怀三个层面的价值信念，齐鲁家风通过循循善诱的情感教化和耳提面命的严格要求所塑造的人生观、价值观，流淌于齐鲁人民的血液之中，绵延千年，始终保持着爱国、诚信、向上、向善等积极的价值取向。

在博山出生长大的焦裕禄,他的人生有一半的时间在家乡博山度过,深受齐鲁文化的浸润和熏陶。焦裕禄在父亲去世后对家庭的担当、对老人的孝心、对母亲教诲的铭记,是对齐鲁文化、孔孟之道中“百善孝为先”等优秀文化的传承。他对老百姓的无私大爱,是儒家“民贵君轻”民本思想的体现。焦裕禄的二女儿焦守云曾说:“博山是孔孟之乡,也是中国孝文化的发源地,成长环境给父亲带来一生的影响。为什么他后来甘心情愿给人民群众当儿子? 就是受了孝文化影响。”电视剧《焦裕禄》的编剧何香久也曾解释说:焦裕禄精神的根在博山,在焦裕禄身上,体现着最典型的中华传统文化精神,家乡的孔孟文化和孝文化对焦裕禄的一生产生了重要影响。这位人民公仆的青少年时代,有着鲜为人知的传奇经历,他的故乡是诞生了孔、孟二圣的山东省,中华传统文化的濡染、孔孟之乡的深厚文化积淀和故乡山水的钟灵毓秀,形成了这位大地之子出生和成长的“规定情境”。从这个“规定情境”可以看出,青少年时代的焦裕禄深受仁者爱人的民本思想、自强不息的艰苦奋斗精神、人定胜天的能动精神和爱国爱家的家国情怀等优秀传统文化的影响。这种影响和革命精神的影响有机地融为一体,升华为对国家和人民的大爱,对党的无限忠诚,对事业的无私奉献,是焦裕禄精神孕育成长不可或缺的精神因素之一。

(三)家庭和学校教育

焦裕禄有一位伟大、勤劳、勇敢的母亲,像孟母三迁一样,良好家教也对焦裕禄精神的形成产生了重要影响。焦裕禄的母亲经常教育他说:“天上一颗星,地上一个丁,天上的每颗星星都对应地上的一个人。地上的人每做一件善事,天上的星星就会熠熠闪光,好人的星是亮的，坏人的星不亮。”焦裕禄父亲去世后，母亲拉起焦裕禄说：“禄子，你哥回不来，只有你给你爹顶包打瓦了。你给娘记住，人到啥时都不能塌了脊梁骨。”①他牢牢记着母亲的教导，在任何时候都想着为群众多做好事、多做善事，从小种下了诚信、向上、向善和爱憎分明的思想种子，对那些欺压百姓的地主恶霸和干部的不良作风深恶痛绝，勇于斗争。

1931 年，焦裕禄先在本村北崮山小学读书，后来又到南崮山第六高级小学读书。四年的私塾学习让焦裕禄接受了中国传统文化的启蒙教育；在高级小学上学期间，他又受到不做亡国奴、誓死抗日等爱国主义思想教育。焦裕禄在后来的自传中回忆道：“在学校所受的教育主要是民国编制的课本。教师经常对我们灌输‘誓死不当亡国奴’‘积极抗日救国’等思想。”学校教育对焦裕禄世界观的形成产生了重要影响，他在上学期间就显示了深厚的家国情怀，在小学作文《阚家泉的风景》中，焦裕禄写道：“仁者爱山，智者乐水。我钦佩那些为国建立过功勋的仁人智者，更爱哺育过无数仁人智者的好山好水……”②这时候的焦裕禄已经有了为国家建功立业的强烈意识，这种意识既是对四年私塾所受优秀传统文化教育的思想流露，也是家庭教育对他殷切期望的一种回应，揭示了焦裕禄对自己成为一个什么样的人已经有了初步的思考。

（四）党的教育培养

---

① 焦守云：《我的父亲焦裕禄》，人民日报出版社 2016 年版，第 28 页。

② 余玮、吴志菲：《百姓谁不爱好官：焦裕禄画传》，世界知识出版社 2014 年版，第 8 页。

南崮山第六高级小学旧址(今南崮山小学,兰考焦裕禄同志纪念馆供图)

党的宣传教育的影响体现在两方面:一是革命精神的孕育;二是党组织的精心培养。

焦裕禄之所以能从一个受剥削受压迫的贫苦农民逐渐成长为一名优秀的党员干部、县委书记的好榜样,有着深刻的思想基础,他是在长期的革命和建设实践中在党的培养教育下一步步成长起来的。因此,焦裕禄精神的形成不是偶然的,焦裕禄精神不仅是对中华民族优秀传统文化的继承和发展,更是对中国革命精神的继承和发展。革命精神是我党为了国家和广大人民的利益,不怕艰难困苦,不怕流血牺牲,坚韧不拔,勇往直前,无私奉献而形成的乐观主义精神。回顾历史,焦裕禄只是无数个优秀党员干部中的一个,焦裕禄精神只是中国革命精神孕育下形成的精神之一。在焦裕禄参加革命之前,中国革命就孕育出了红船精神、井冈山精神、长征精神、延安精神、南泥湾精神等革命精神。

从革命的艰辛历程来看,这些革命精神蕴含着开天辟地、敢为人先的首创精神,坚定理想、百折不挠的奋斗精神,立党为公、忠诚为民的奉献精神和坚持独立自主、一切从实际出发的实事求是精神，蕴含着党的三大优良作风。这些精神是我党进行政治思想教育的重要法宝。正是我党一贯注重政治思想教育，才能够将很多没有文化的农民、小资产阶级思想的知识分子培养成优秀的党员干部。焦裕禄表现出亲民爱民、艰苦奋斗、科学求实、迎难而上、无私奉献的精神就是对革命精神的集中展现和运用。时任兰考县委宣传干事刘俊生回忆：焦裕禄经常用南泥湾精神等革命精神鼓励干部群众抗灾自救，用革命思想教育干部群众。在雨涝成灾时，焦裕禄对大家说："灾害是很大啊，群众丰收的盼头又凉了半截。但毛主席说过，事在人为，人定胜天。我看这场雨不是'百害没有一利'，而是'害中有利'。这场雨一下，洪水遍地，就能看清水从哪里来，流到哪里去！咱就好开河挖渠，除害兴利。县委正酝酿除'三害'，咱要抓住这个难得的机会，查清内涝的来龙去脉。"

焦裕禄的成长离不开党组织的精心培养，党的培养教育是焦裕禄精神形成的关键条件和主要内因。自从加入了中国共产党，焦裕禄才真正实现了思想上的蜕变，从迷茫中找到了人生的方向。在宿迁，焦裕禄就受到新四军建立地方政权、发动群众宣传教育的影响，当听说家乡解放后，便急忙返回家乡，参加了民兵组织。由于焦裕禄受过教育，有文化，会乐器，又聪明，在党的培养教育下思想进步很快，写报告，管理文件账目，宣传革命道理，带领民兵巧施空城计退敌，在民兵组织中处处起到带头作用。由于表现突出，思想积极，在三次申请入党后光荣地加入了中国共产党。在兰考县档案局保存的"焦裕禄简历表"中，焦裕禄是这样写的："1946 年元月，由本村民兵队长焦方开介绍入党，同年三月转正。"转正后，上级选调他担任区武装部的干事，负责领导组织本区多村的民兵武装，这时的焦裕禄思想进步很快，已经表现出了一个共产党人的优秀品质，机智勇敢，谦虚宽厚，办事有主见，既能完成战斗任务，又能做好地方工作，成长很快。焦裕禄的入党培养人李景伦回忆："焦裕禄的阶级斗争立场坚定、稳固。党交给他的任务，千方百计完成。曾几次到敌占区侦察情况，起了很大作用。"

从博山县八陡区武装部干事到兰考县委书记，其间，党组织对焦裕禄进行三次重点培养：一次是参加南下干部培训，一次是在哈尔滨工业大学学习深造，一次是在大连起重机器厂实习。六次委以重任：南下支淮班长、尉氏土地改革和剿匪反霸区负责人、基建科科长、一金工车间主任、调度科科长和兰考县委书记，都是临危受命。在1953年的自传中，焦裕禄明确地表达了对党的培养的感激之情："在思想上认为自己是共产党来了，我才真正解放了。并做了革命干部，参加革命历史不长，为人民做的事很少，但不断得到党的提拔，人民又给予较高待遇，又在党的关怀下结了婚，两人都做革命工作，建立了革命家庭，这是我祖宗三代也未有过的生活，自学习总路线后，更进一步认识了国家建设的伟大前途和将来生活，这便是我能在工作上经常保持积极肯干的主要力量。"

三、焦裕禄精神的传播与弘扬

焦裕禄精神是中国共产党的宝贵精神财富，也是实现中华民族伟大复兴中国梦进程中不可或缺的民族精神资源。我党在传承弘扬焦裕禄精神的过程中，先后掀起三次学习热潮，梳理这三次学习热潮的历史脉络与时间节点，有助于科学把握焦裕禄精神的科学内涵，充分认识焦裕禄精神的当代价值。

(一)“焦裕禄典型”的发现过程

1. 河南省沙区造林会议的主题转换

一个跑题发言让焦裕禄事迹第一次走进了人们的视野。1964年5月18日,焦裕禄刚刚去世不久,河南省政府在民权县召开全省沙区造林现场工作会。在这次会议上,兰考县委副书记把一个造林经验交流会讲成了焦裕禄事迹介绍会。按照会议议程,有四位沙区造林先进县的领导在会上发言。第二位发言的就是兰考县委副书记,结果他没说几分钟沙区造林的工作,就把话题转向了两天前病逝的焦裕禄身上。他在随后的跑题发言中,一口气讲了两个半小时,生动地讲述了焦裕禄的感人事迹,全场400多人听得全神贯注、无不动容。上午会议结束时,主持会议的副省长王维群高度评价焦裕禄,并宣布下午改变事先安排的会议议程,转换会议主题,全体讨论焦裕禄事迹。当时参加此次会议的新华社记者鲁保国,凭着记者的职业敏感,认为焦裕禄是一个值得认真宣传的重要典型。会议期间,鲁保国利用休息时间,第一时间采访了兰考的发言干部。会议结束不久,河南省委就作出决定,向优秀共产党员焦裕禄同志学习,并要求鲁保国等记者针对此事进行深入采访。

2. 焦裕禄的名字第一次出现在《人民日报》

1964年10月,新华社河南分社成立了由副社长张应先、记者鲁保国和禄祖毅组成的焦裕禄事迹报道小组,用20多天的时间在兰考采访。11月19日,新华社播发张应先等人采写的反映焦裕禄事迹的消息,第二天,《人民日报》第2版刊登了张应先、鲁保国等人采写的《在改变兰考自然面貌的斗争中鞠躬尽瘁,焦裕禄同志为党为人民忠心耿耿》报道，用1700多字的篇幅，介绍了焦裕禄的先进事迹，这是中央媒体报道焦裕禄事迹的第一篇文章。11月22日，《河南日报》头版头条全文转载这篇报道，同时配发社论《学习焦裕禄同志为人民服务的革命精神》。焦裕禄的事迹被《人民日报》《河南日报》报道后，在全国范围内特别是在河南省产生了比较大的影响，随之开展了各种宣传学习活动。《河南日报》开辟专栏《学习焦裕禄同志的革命精神》，每周刊出一期，前后共刊登了14期。

1965年1月27日，《河南日报》第2版发表题为《焦裕禄同志，兰考人民怀念您!》的通讯，全文4000多字，由《河南日报》农林部副主任黎路和《河南日报》驻开封记者站记者薛庆安采访撰写。这个时候，焦裕禄精神开始在更大范围得到传播，直到新华社记者穆青、冯健、周原合写的长篇通讯《县委书记的榜样——焦裕禄》在1966年2月7日《人民日报》头版头条刊登之后，焦裕禄这个名字才被全国人民熟知。

3. 长篇通讯《县委书记的榜样——焦裕禄》的刊发

1965年12月初，穆青和冯健到西安筹备国内记者会议，路过郑州时，在新华社河南分社记者会上听周原讲了几个月来在灾区采访的见闻，很受触动。临走时穆青决定，让周原到豫东灾区采访干部群众的抗灾情况，了解当地农民在三年困难时期是如何摆脱穷困的。

周原从未去过豫东，只知道那里是河南的重灾区。他第一站就来到了穆青的老家杞县，虽然收集了一些材料，但收获并不大。当他从杞县离开时却坐错了车，阴差阳错地来到兰考。在这里他通过新闻干事刘俊生的介绍，被焦裕禄的事迹深深打动。离开兰考之前，周原信心百倍地嘱咐刘俊生："等穆社长来了，你要好好介绍，争取用最典型最生动的故事打动他!"当周原向穆青汇报焦裕禄事迹时，穆青感到焦裕禄正是他们苦苦寻找的典型。

作为负责国内报道的新华社副社长，穆青脑子里一直在思考“如何弘扬好主旋律”这个问题，发掘出蕴含于人民之中那种打不垮、压不倒的英雄精神，并把这种精神通过新华社的稿子，播撒到每一个中国人的心头。听完周原的汇报，穆青下决心调整部署，由原来的采访豫北林县的目标转向了豫东兰考。1965 年 4 月 17 日，穆青带着冯健、周原一行来到兰考，当全面了解焦裕禄的事迹之后，穆青断然决定：“原来的计划不搞了，就写兰考，就写焦裕禄！”①穆青说：“像这样的党的好干部不组织力量宣传出去，是我们新闻工作者的失职！”②其实，在写焦裕禄之前，穆青准备写宁陵县的植树劳模“老坚决”潘从正。但是当他到了兰考，听到焦裕禄的事迹，看到焦裕禄的遗物，补过的袜子，坐过的藤椅，被深深震撼了。听到焦裕禄“我是您的儿子”这个故事时，穆青觉察到这不是一般人的感情，决定宣传好焦裕禄。在怎么写的问题上，穆青说：“就原原本本地写。咱就是再笨，只要能原原本本把焦裕禄写出来，也会感动千千万万群众的！”③

稿子写好后，穆青首先向新华社社长、《人民日报》总编辑吴冷西做了汇报——当时的情况在《“党的好干部”焦裕禄是怎样被“发现”的》一文是这样介绍的：当穆青去向吴冷西汇报采访焦裕禄事迹时，吴冷西说：“实在太忙了，没空。”穆青说：“只要半个小时。”半个小时的汇报后，吴冷西被深深地打动了。他站起来，连声说：“写！

① 吕传彬：《是谁发现了焦裕禄》，《文史博览》2013 年第 2 期。

② 吕传彬：《是谁发现了焦裕禄》，《文史博览》2013 年第 2 期。

③ 张惠芳、王昉编著：《穆青自述》，河南人民出版社 2015 年版，第 134 页。

发!”对穆青提出的一要写自然灾害二不写阶级斗争的意见,吴冷西也完全同意。但最后决定要发稿子的时候,由于当时的政治气候,是否能如实地反映兰考的灾荒,实事求是地对待所谓阶级斗争等敏感问题,吴冷西感觉难以做主。于是他就带着穆青找到中央书记处书记彭真,当面陈述了他们的观点。彭真听后当即拍板:“发!”就这样,1966 年 2 月 6 日,署名穆青、冯健、周原的长篇通讯《县委书记的榜样——焦裕禄》由新华社电传到全国。第二天,长篇通讯在中央人民广播电台和《人民日报》播报刊发,震撼了全国亿万人民的心。

(二)焦裕禄精神的三次学习热潮

1. 第一次学习热潮:焦裕禄事迹的宣传

长篇通讯刊发的同时,《人民日报》配发社论《向毛泽东同志的好学生——焦裕禄同志学习》,号召学习焦裕禄“不为名,不为利,不怕苦,不怕死,一心为革命,一心为人民,完全彻底地为人民服务的革命精神”,“从群众中来到群众中去的领导方法”。① 焦裕禄的名字随之迅速传遍了全国,在全国掀起了学习焦裕禄同志的第一次高潮。

2 月 8 日,在长篇通讯发表的第二天,河南省委和辽宁省委就分别发出通知,号召全省党员干部学习焦裕禄,做毛主席的好学生。2 月 9 日,《人民日报》在头版开设《向毛泽东同志的好学生——焦裕禄同志学习》专栏。同一天,中国人民解放军总政治部、北京市委和河北、安徽、云南省委发出通知,号召向焦裕禄同志学习。2 月 10 日,全国总工会、团中央、财贸部等中央各部委和西南局、西北局等各

① 《向毛泽东同志的好学生——焦裕禄同志学习》,《人民日报》1966 年 2 月 7 日。

人民日报

RENMIN RIBAO

“我们为人民而死，就是死得其所。”

县委书记的榜样——焦裕禄

社论

向毛泽东同志的好学生——焦裕禄同志学习

我保卫世界和平委员会负责人发表谈话

中国人民坚决支持美国人民反战运动

全国女少年乒乓球锦标赛举行发奖大会

周总理给一批小选手发“风格奖”

大会向获得各项团体赛前六名的球队发了奖

1966 年 2 月 7 日，长篇通讯《县委书记的榜样——焦裕禄》在《人民日报》头版头条刊发

大局分别发出通知，号召向焦裕禄同志学习。

《人民日报》在连续集中报道各地学习情况和学习体会的同时，又相继刊发了《要有更多这样的好干部》《最可贵的阶级感情》《在用字上狠下功夫》《用整风精神学习》《调查就是解决问题》《最有力的领导》《思想改造永无止境》等 7 篇社论，指导各地如何学习领会焦裕禄精神。从 2 月 14 日开始，《人民日报》把 1965 年 10 月 12 日开设的《“实现县委领导革命化，建设社会主义新农村”的讨论》专栏与《向毛泽东同志的好学生——焦裕禄同志学习》专栏合并起来，陆续发表了 100 多篇各地学习弘扬焦裕禄精神的文章。据统计，1966 年，《人民日报》刊发关于焦裕禄事迹的报道多达 112 篇。

为了方便全国各地各行各业的干部群众到兰考学习焦裕禄，1966 年 2 月，兰考县委、县政府专门建立了焦裕禄纪念馆。在这次学习热潮中，涌现出了很多感人事迹。新华社播发长篇通讯的当天，时任中宣部常务副部长胡乔木同志在上海读到报纸，当晚让秘书给穆青打电话表示祝贺，称赞这篇通讯写得好，非常感人，建议新华社要做后续报道。一位省委书记哭着讲道：“听了焦裕禄的事迹，不流泪的不是共产党员！”董必武于 2 月 9 日即兴赋诗《学焦裕禄同志》：“……长抱肝癌痛，劳累损其躯。不避风雨恶，不作饥寒呼。关心人民事，忘身直若无。……”3 月 15 日，时任全国人大常委会副委员长郭沫若写下《水调歌头·赞焦裕禄》：“红日照天下，涌现振奇人。……”9 月 15 日，在天安门城楼上毛泽东、周恩来等中央领导亲切接见了年仅 13 岁的焦裕禄二女儿焦守云，第二天，毛泽东等中央领导人与焦守云的合影刊登在《人民日报》上。一时间，焦裕禄的事迹被全国人民熟知，焦裕禄作为毛主席的好学生、县委书记的好榜样和人民群众的贴心人的形象被全国人民牢记。

关于这次的学习重点，社论《向毛泽东同志的好学生——焦裕禄同志学习》指出了学习焦裕禄精神的“两个答案”“两个典范”：焦裕禄的事迹，对于全国各地的县委书记和各行各业的领导干部，是一个巨大的启发。从焦裕禄同志身上,可以得到为谁服务的鲜明答案。他为我们树立了一个完全彻底地为人民服务的典范;从焦裕禄同志身上,也可以得到怎样为群众服务的生动答案,为我们树立了解决本地区、本部门的实际问题的典范。

焦裕禄典型的出现不是偶然的,是有着深刻的历史背景的。特殊的国内、国际形势助推了焦裕禄典型的出现。1959 年至 1961 年,三年困难时期、"大跃进"和人民公社化运动,特别是"大跃进"时期经济发展上"左"的错误,造成了国民经济比例严重失调,生产大幅度下降,人民生活严重困难。由于一些地区连续三年受灾,全国粮食大量减产。为了解决这一问题,1961 年 1 月,在中共八届九中全会上,党中央决定对国民经济实行"调整、巩固、充实、提高"八字方针,要求全党上下与人民群众同甘共苦、克服困难,这标志着党的指导方针的重要转变。在这次会议上,毛泽东强调,希望 1961 年成为一个实事求是年,号召大家大兴调查研究之风,实事求是,尽快扭转经济困难局面。同时,20 世纪 60 年代初期,国际风云突变,中国的周边环境日趋恶化,局部战争爆发的次数呈上升趋势。中苏关系的恶化、美国发动越南战争与中印边界争端等一系列问题,使我国本已困难的国民经济局面雪上加霜。

1966 年是我国"三五"计划的开局之年,在严峻的国内、国际形势下,为了保证我国"三五"计划的顺利实施,《人民日报》在 1966 年的元旦社论中号召群众化困难为动力,明确指出:"所有这些严重的困难并没有把我们吓倒……促使我们下更大的决心。"在这样的时代背景下,穆青作为新华社副社长,特殊的身份让他有了一种特殊的使命感:寻找一个敢于迎难而上、勇于与自然灾害作斗争、甘于无私奉献的先进典型,鼓舞全国人民与困难作斗争的斗志,而焦裕禄的人生事迹，正好契合了这一要求。关于焦裕禄典型的发现，《穆青自述》曾有这样一段描述："当时是我们国家经过了三年自然灾害，又经过'大跃进'浮夸风，真是天灾人祸，有人分析，'三分天灾，七分人祸'，民不聊生……作为新闻工作者的责任和使命，必须用舆论引导群众战胜困难……我就想寻找这种典型，激励人民，战胜困难。"①穆青说，那时还不知道有一个焦裕禄，只是有强烈的想法，想找一个人，一个典型人物，但他是谁，不知道。他在哪儿，不知道。直到穆青走进了兰考，得知焦裕禄生动感人的事迹，就认定了焦裕禄是他心中要找的典型人物。

2. 第二次学习热潮：焦裕禄精神概念的提出

改革开放后，作为党的宝贵精神财富，焦裕禄精神得到了进一步传承和发展。

1989 年，我们党重新提出了要学习和发扬延安精神、雷锋精神、焦裕禄精神，发出了"全党要学习焦裕禄"的号召。中央组织部把焦裕禄同志列为"解放四十年来，在群众中享有崇高威望的共产党员的优秀代表之一"。此后，全国很多报纸开始重新刊登长篇通讯《县委书记的榜样——焦裕禄》。

1990 年 3 月 12 日，党的十三届六中全会通过了《中共中央关于加强党同人民群众联系的决定》，要求广大党员干部以自己的实际行动保持和发展同人民群众的血肉联系，不断密切党群关系。4 月 9 日，现代戏剧《焦裕禄》在中南海演出，江泽民等中央领导人亲临观看。4 月 29 日，时任中共中央政治局常委李瑞环同志，在接见《人民日报》记者时讲道："我赞成干部学焦裕禄。就当前一些干部身上的

---

① 张惠芳、王昉编著：《穆青自述》，河南人民出版社 2015 年版，第 131—133 页。

毛病来说，应当用焦裕禄精神去医治他。”5月10日，《人民日报》发表社论《领导干部要学焦裕禄》。文中指出，“重提学习焦裕禄，自然不是消极地忆旧，不能停留在宣传焦裕禄的事迹上，不能搞华而不实的形式主义，而是要积极地继承和发扬党的优良传统，带领群众实现党中央提出的当前的各项任务”，并且断定“焦裕禄精神永驻青春”，“90年代将会涌现出更多焦裕禄式的好干部，他们将更努力、更出色地为人民服务”。①

5月12日，在焦裕禄同志逝世26周年之际，应故乡山东省淄博市和河南省兰考县的请求，时任中央顾问委员会主任陈云同志给焦裕禄同志题词：“向人民的好干部焦裕禄同志学习。”时任中央顾问委员会副主任宋任穷同志也挥笔题词：“学习焦裕禄同志，全心全意为人民服务。”同年6月15日，改革开放的总设计师邓小平同志为华夏出版社出版的纪实文学《焦裕禄》题写了书名。这是20世纪90年代第一本以报告文学的形式全面介绍焦裕禄事迹的书，为再一次掀起学习焦裕禄精神热潮奠定了政治基础。

这一时期，党和国家领导人李鹏、乔石、李岚清、刘华清等先后为焦裕禄同志题词，号召全党、全国学习焦裕禄精神。李鹏同志的题词为“让焦裕禄精神更加弘扬光大”，乔石同志的题词为“学习焦裕禄同志廉洁自律、勤政为民”，李瑞环同志的题词为“学习焦裕禄，尽心为人民”，刘华清同志的题词为“以焦裕禄同志为榜样，永远做人民的公仆”，李岚清同志的题词为“让焦裕禄精神永放光芒”，薄一波同志的题词为“学习焦裕禄精神，增强人民公仆意识，为社会主义做贡献”。在这些题词中，李鹏首次在中央层面提出了“焦裕禄精神”这

① 《领导干部要学焦裕禄》，《人民日报》1990年5月10日。

个概念。

7月9日,《人民日报》头版再次刊发了穆青、冯健、周原采写的长篇通讯《人民呼唤焦裕禄》。7月15日,时任福州市委书记习近平同志夜读《人民呼唤焦裕禄》一文,有感而发,写下词作《念奴娇·追思焦裕禄》。词中"百姓谁不爱好官?把泪焦桐成雨。生也沙丘,死也沙丘,父老生死系。暮雪朝霜,毋改英雄意气""为官一任,造福一方,遂了平生意"等词句,深深表达了习近平对焦裕禄的崇敬之情。这是习近平同志为党员干部写过的唯一一首词。

与此同时,四川峨眉电影制片厂于1990年年初拍摄的电影《焦裕禄》在全国热映并引起轰动。该片成功地塑造了一个正直无私的党的好干部的光辉形象,观众反响非常强烈,各方媒体纷纷围绕"时代呼唤焦裕禄""人民想念焦裕禄""改革需要焦裕禄"等主题进行报道。据统计,这部投资仅有130万元的电影,获得了1.3亿元的票房收入,足见这部电影在当时的影响力。随着电影《焦裕禄》的热映,全国迅速掀起了第二次学习弘扬焦裕禄精神的高潮。

1991年2月9日,江泽民同志来河南视察工作。其间,他专程来到兰考,首先接见了焦裕禄的夫人徐俊雅。随后,他冒着蒙蒙细雨,向焦裕禄烈士陵墓敬献花圈。在焦裕禄纪念馆,江泽民认真听取了焦裕禄光辉事迹的介绍,对在场的干部群众说:"我们各级领导干部学习焦裕禄同志,就要像他那样廉洁自律,克己奉公。既然居官在位,就要兢兢业业地为人民办实事。是'菩萨'就得'显灵',为官一任,就要造福一方。"参观完展览后,江泽民为焦裕禄同志题词:"向焦裕禄同志学习,全心全意为人民服务。"

1994年5月13日,在焦裕禄逝世30周年纪念日前一天,时任中共中央政治局常委、中央书记处书记胡锦涛受江泽民委托,参加了焦裕禄同志纪念馆落成剪彩暨焦裕禄铜像揭幕仪式。胡锦涛同志在纪念焦裕禄逝世30周年大会上发表了重要讲话："焦裕禄同志是全党同志和全国各族人民公认的中国共产党的好党员，人民的好公仆，县委书记和广大干部的好榜样。他的一生，是为党的事业、为人民利益鞠躬尽瘁的一生。在今天，认真学习和弘扬焦裕禄精神仍然是我们这个伟大时代的要求，是全国各族人民的呼唤，是加强党的建设、发展社会主义现代化事业的需要。"他强调指出，党员干部学习焦裕禄同志，要做到"四个应该"：应该像焦裕禄那样全心全意为人民服务，密切联系群众，一切为了群众，事事相信和依靠群众；应该像焦裕禄那样坚持党的实事求是的思想路线，一切从实际出发，讲真话，办实事，大胆开拓，创造性地工作；应该像焦裕禄那样不怕困难，不畏艰险，顽强拼搏，艰苦创业；应该像焦裕禄那样廉洁奉公，勤政为民。① 胡锦涛同志的重要讲话，为新时期学习和弘扬焦裕禄精神指明了方向。

5月14日，在焦裕禄逝世30周年之际，穆青、冯健、周原三人重访兰考，发表了《焦裕禄精神常青》一文，并响亮地提出，越是改革开放、发展经济，越要弘扬焦裕禄全心全意为人民服务思想，焦裕禄精神不会过时。

这一时期，随着党和国家工作重心的转移，在"发展是硬道理"的新的话语体系下，焦裕禄精神的宣传则呈现了新的特点，"焦裕禄式的好干部"的新话语开始出现，焦裕禄被塑造为"千千万万为人民的利益而献身的共产党员的杰出代表"，被赋予改革开放新时期县

① 《胡锦涛同志在纪念焦裕禄同志逝世三十周年大会上的讲话》，《人民日报》1994年5月14日。

委书记的新形象。

值得我们深思的是：为什么在改革开放时期能够再次掀起学习焦裕禄精神的热潮？人们为什么强烈呼唤焦裕禄精神？主要与以下几个问题有关：

一是干部腐败问题凸显。20世纪80年代中后期，改革事业进入了关键时期，在新旧经济体制交替、转换过程中，新问题新矛盾不断出现。以价格双轨制为例，改革开放初期，同一产品有两个价格，计划内部分实行国家定价，计划外部分实行市场调节价。在利益的刺激下，政府与市场定位不明晰，吃喝风等腐败现象开始滋生、蔓延。1990年春，面对干部队伍中出现的问题，穆青、冯健、周原想在基层找一个新的典型，经过基层采访后，发现人民仍然对焦裕禄有感情，盼望出现焦裕禄那样的干部。《穆青自述》中是这样描述的："1990年写的《人民呼唤焦裕禄》，是个政治题目。干群关系紧张，有些地方重新学习焦裕禄，重新树立焦裕禄的形象。我们这三个老头儿又在北京坐不住了，我们又要下去找新的典型。结果下去，根本不是那么回事。白天看，晚上召开座谈会，群众叫'说真话会'，反映的都是干部的作风问题，贪污、腐败、欺压百姓，群众都怀念焦裕禄，说现在缺少焦裕禄那样的好干部。"①穆青等人在《人民呼唤焦裕禄》一文中直言不讳地抨击："有些地方干部作风不正，一切向钱看，挥霍公款大吃海喝，把酒杯捏扁了，把筷子吃短了，把椅子坐散了。"当时很多群众都说："要是焦裕禄还在，这事他能不管吗？要是干部都像焦裕禄那样，该多好呀！"表达了人民群众对党员干部腐败问题的强烈不满。对此，党内的多位领导同志也曾大声疾呼：腐败不除，改革难

① 张惠芳、王昉编著：《穆青自述》，河南人民出版社2015年版，第159页。

成。这说明改革开放后出现的投机倒把，尤其是党员干部的腐败问题，不仅严重影响了改革开放事业的顺利进行，而且严重损害了党在人民群众心目中的形象。

二是资产阶级自由化思想影响严重。20 世纪 80 年代末，随着改革开放的深入推进和中央对思想舆论管控的放松，西方国家加紧了对我们国家意识形态领域的渗透。一时间，社会上掀起了一股资产阶级自由化思潮，自由化分子打着宣传资产阶级“民主”和“自由”的旗号，直接向党发动进攻，进行了一系列反党反社会主义的活动，甚至在 1989 年 6 月出现了政治风波。党中央、国务院、中央军委采取果断措施，平息了这场风波。自由化思潮不仅扰乱了人的思想，而且扰乱了正常的经济建设进程，给党、国家和人民造成了重大损失。

三是国际环境恶化。20 世纪 80 年代末 90 年代初，国际上还发生了一系列重大政治事件，这其中以东欧剧变与苏联解体影响最为深远。1985 年戈尔巴乔夫担任苏共中央总书记后，鼓吹“民主化、公开性、多元化”，对苏联进行了改革，取消苏共领导，照搬西方模式，政治上实行总统制，经济上全面私有化，将改革引上歧途。1989 年前后，东欧一些社会主义国家的共产党在短时间内纷纷丧失政权，社会制度随之发生根本性变化。1990 年，立陶宛、爱沙尼亚和拉脱维亚先后宣布独立，苏联其他各加盟共和国的离心倾向也迅速增强。1991 年 8 月 19 日，立国 69 年的苏联宣告解体。20 世纪 80 年代，美国前总统尼克松出了一本书《1999，不战而胜》，在当时影响很大。东欧剧变、苏联解体和尼克松的《1999，不战而胜》，对全国人民的思想冲击很大，一股悲观的情绪在社会上开始蔓延，当时很多人都开始质疑社会主义道路还能够走多远，中国共产党还有没有能力应对危机，治理好国家。

正是为了应对改革开放后出现的思想混乱、党的作风建设以及经济社会发展等面临的一系列困局，党中央再次号召学习焦裕禄精神。

3. 第三次学习热潮：焦裕禄精神的内涵阐释

2009 年 4 月 1 日，在焦裕禄逝世 45 周年前夕，时任国家副主席习近平视察兰考，拉开了第三次学习焦裕禄精神热潮的序幕。关于这次视察的原因，他说："1966 年 2 月 7 日，《人民日报》刊登了穆青等同志的长篇通讯《县委书记的榜样——焦裕禄》，我当时正上初一，政治课张老师念了这篇通讯，我们当时几次都泣不成声……今天我终于如愿以偿来到兰考，实地感受老一代共产党人的崇高风范，我心情很激动、很不平静，很受教育、很受启发也很受鼓舞，深感在新时期广大党员干部更要加强党性修养，转变工作作风。"①在同基层干部座谈中，习近平同志从"亲民爱民、艰苦奋斗、科学求实、迎难而上、无私奉献"五个方面高度概括了焦裕禄精神，并提出了学习焦裕禄精神五个方面的要求：一是学习和弘扬焦裕禄同志牢记宗旨、心系群众，"心里装着全体人民、唯独没有他自己"的公仆情怀，大兴服务群众之风。二是学习和弘扬焦裕禄同志勤俭节约、艰苦创业，"敢教日月换新天"的奋斗精神，大兴艰苦奋斗之风。三是学习和弘扬焦裕禄同志实事求是、调查研究，坚持一切从实际出发的求实精神，大兴求真务实之风。四是学习和弘扬焦裕禄同志不怕困难、不惧风险，"革命者要在困难面前逞英雄"的大无畏精神，大兴知难而进之风。五是学习和弘扬焦裕禄同志廉洁奉公、勤政为民，为党和人民事业鞠躬尽瘁、死而后已的奉献精神，大兴敬业奉献之风。这五个方面的要求，既指出了焦裕禄精神的本质、精髓、灵魂、重要内容和鲜明特点，

① 习近平：《结合新的实际，大力弘扬焦裕禄精神》，《求是》2009 年第 10 期。

还为我们如何学习焦裕禄精神指明了方向。此外，习近平同志还进一步要求："要深入学习、大力弘扬焦裕禄精神，结合新的实际把焦裕禄精神发扬光大。"①

2014 年 3 月 17 日上午，习近平总书记到兰考调研指导党的群众路线教育实践活动。关于这一次到兰考的目的，他说，第二批教育实践活动联系点选择兰考，因为兰考是焦裕禄同志生活工作的地方、焦裕禄精神发祥地，希望通过学习焦裕禄精神，为推进党和人民事业发展、实现中国梦提供强大正能量。他从群众路线教育实践活动的角度阐述新时代学习弘扬焦裕禄精神的"四种内涵"：要特别学习弘扬焦裕禄同志"心里装着全体人民、唯独没有他自己"的公仆情怀；凡事探求就里、"吃别人嚼过的馍没味道"的求实作风；"敢教日月换新天""革命者要在困难面前逞英雄"的奋斗精神；艰苦朴素、廉洁奉公、"任何时候都不搞特殊化"的道德情操。这四个方面是对焦裕禄精神内涵的进一步阐释。2014 年 8 月 27 日，习近平总书记在中南海听取兰考县委和河南省委党的群众路线教育实践活动情况汇报，充分肯定兰考县学习弘扬焦裕禄对群众的那股亲劲、抓工作的那股韧劲、干事业的那股拼劲，使焦裕禄精神焕发了新的活力。2015 年 1 月 12 日上午，习近平总书记在北京同中央党校第一期县委书记研修班学员座谈时提出了"四有"的要求，他说："做县委书记就要做焦裕禄式的县委书记，始终做到心中有党、心中有民、心中有责、心中有戒。"②2015 年 6 月 30 日，习近平总书记在北京亲切会见全国优秀县委书记，并给广大县委书记提出做"四种人"的要求。他说，要向焦

① 习近平：《结合新的实际，大力弘扬焦裕禄精神》，《求是》2009 年第 10 期。

② 习近平：《做焦裕禄式的县委书记》，中央文献出版社 2015 年版，第 3 页。

裕禄同志学习，一是要做政治的明白人，二是要做发展的开路人，三是要做群众的贴心人，四是要做班子的带头人。① 此外，习近平总书记还在其他多个重要场合，对新时代学习弘扬焦裕禄精神提出明确要求，不断赋予焦裕禄精神新的时代内涵，并在全国迅速掀起了第三次学习弘扬焦裕禄精神的高潮。

在第三次学习热潮中，习近平总书记为什么多次号召学习焦裕禄精神呢？我们可以从习近平总书记系列重要讲话中找到答案。

第一，面临“三大责任”和“三大任务”，需要弘扬焦裕禄精神。2012 年 11 月 15 日，习近平总书记在党的十八届一中全会讲话中指出：“今天，历史的接力棒传到了我们手里。历史和人民既赋予我们重任，也检验我们的行动。”接着在同中外记者见面会上，他具体讲到“三大责任”。一是对民族的责任。团结带领全国各族人民，继续为实现中华民族伟大复兴而努力奋斗，使中华民族更加坚强有力地自立于世界民族之林，为人类作出新的更大的贡献。二是对人民的责任。人民对美好生活的向往，就是我们的奋斗目标。三是对党的责任。坚持党要管党，从严治党，切实解决自身存在的突出问题，切实改进作风，密切联系群众，使我们党始终成为中国特色社会主义事业的坚强领导核心。

11 月 29 日，在带领中央政治局常委参观《复兴之路》展览时，习近平总书记又提出了“三大任务”：一是要把党建设好，二是要把国家建设好，三是要把民族发展好，最终实现中华民族伟大复兴中国梦。

第二，全面从严治党需要弘扬焦裕禄精神。实现中华民族伟大

① 习近平：《做焦裕禄式的县委书记》，中央文献出版社 2015 年版，第 67—68 页。

复兴的中国梦的关键是什么？就是要把党建设好。怎么建设？就是要落实全面从严治党。为此，党的十八大以来党中央采取了一系列措施。一是立规矩。2012 年 11 月 16 日，在党的十八届一中全会结束后的第二天，习近平总书记就在《人民日报》刊发文章《认真学习党章，严格遵守党章》。习近平总书记在文中强调，“没有规矩，不成方圆。党章就是党的根本大法，是全党必须遵守的总规矩”，共产党人要“切实做到为党分忧、为国尽责、为民奉献”①。二是定目标。这个目标就是要实现中华民族伟大复兴的中国梦。习近平总书记在参观《复兴之路》展览时首次提出“中国梦”。他说：“实现中华民族伟大复兴，就是中华民族近代以来最伟大的梦想。”对如何实现中国梦，习近平总书记在 2013 年 3 月 17 日第十二届全国人大一次会议上又进一步指出：“实现中国梦必须走中国道路，这就是中国特色社会主义道路。”“实现中国梦必须弘扬中国精神，这就是以爱国主义为核心的民族精神，以改革创新为核心的时代精神。”“实现中国梦必须凝聚中国力量。这就是中国各族人民大团结的力量。”凝聚中国力量这个重担就落在了中国共产党人身上。习近平总书记强调：“要坚持党的领导、人民当家作主、依法治国有机统一。”要让党能够成为带领人民的主心骨，党要有好的形象，打铁还要自身硬，要以优良的作风，带动社会风气的根本好转。三是找抓手。在立规矩、定目标之后，如何去实现目标成为关键。2014 年 10 月 8 日，在第二批党的群众路线教育实践活动总结大会上，习近平总书记引用了邓小平在改革开放初期讲的一段话：“在目前的历史转变时期，问题堆积成

① 中共中央文献研究室编：《习近平总书记重要讲话文章选编》，中央文献出版社 2016 年版，第 1 页。

山，工作百端待举，加强党的领导，端正党的作风，具有决定的意义。”①这段话说明了习近平总书记开展群众路线教育实践活动的初衷。从讲话内容可以看出群众路线教育实践活动是中央整顿干部作风的抓手，是解开复杂矛盾的一把钥匙。我们党随后开展的“三严三实”和“不忘初心、牢记使命”主题教育的目的，就是要让我们的干部达到人民满意的好干部标准。

第三，落实“好干部标准”需要弘扬焦裕禄精神。2013 年 6 月 28 日，习近平总书记在全国组织工作会议上明确指出：“现在，我们提出政治上靠得住、工作上有本事、作风上过得硬、人民群众信得过等具体要求……概括起来说，好干部要做到信念坚定、为民服务、勤政务实、敢于担当、清正廉洁。”②

为了让大家更好地理解，在党的群众路线教育实践活动一开始，习近平总书记就为我们找到了一个具象化的典型，他就是县委书记的好榜样、人民群众的好公仆——焦裕禄。2014 年 3 月 17 日至 18 日，习近平总书记在兰考指导党的群众路线教育实践活动时强调：“教育实践活动的主题与焦裕禄精神是高度契合的，要把学习弘扬焦裕禄精神作为一条红线贯穿活动始终，做到深学、细照、笃行。”他号召大家“努力做焦裕禄式的好党员、好干部”。因此，习近平总书记为我们推介了一个看得见、摸得着、学得上的可亲可敬的典型，为如何做一名好党员好干部提供了具体参照和生动教材。

---

① 中共中央文献研究室编：《习近平总书记重要讲话文章选编》，中央文献出版社 2016 年版，第 169 页。

② 中共中央文献研究室编：《习近平总书记重要讲话文章选编》，中央文献出版社 2016 年版，第 58 页。

第二章
焦裕禄精神的丰富内涵

党的十八大以来,习近平总书记多次视察河南,并到兰考,要求全党大力学习弘扬焦裕禄精神,在全国范围内掀起了新一轮焦裕禄精神学习热潮。从焦裕禄精神的"五个方面""四种内涵"到"三股劲",从"一根红线"到"一盏明灯",从"四有"干部到"四种人",习近平总书记多次总结焦裕禄精神的深刻内涵,不断深化焦裕禄精神的时代价值。以习近平同志为核心的党中央多次把学习焦裕禄精神作为党的群众路线教育实践活动、"三严三实"等主题教育的重要内容和载体,对新时代焦裕禄精神的宣传与弘扬起了里程碑作用。

一、焦裕禄精神的内涵

焦裕禄去世 50 多年了,但人们对焦裕禄的怀念从未停止过,多位党和国家领导人到访兰考、拜谒忠魂，中央、省、市有关部门多次发出向焦裕禄学习的号召，多次举办焦裕禄逝世纪念会、焦裕禄精神研讨会，不断推动焦裕禄精神的研究、传承与弘扬。2009 年 4 月 1 日，时任国家副主席习近平到兰考调研时指出，焦裕禄同志用自己的实际行动塑造了一个优秀共产党员和优秀县委书记的光辉形象，铸就了亲民爱民、艰苦奋斗、科学求实、迎难而上、无私奉献的焦裕禄精神。① 这五个方面的概括总结，不仅指出了焦裕禄精神的本质、精髓、灵魂、重要内容和鲜明特点，也指明了学习焦裕禄精神的方向。这也是国家领导人第一次对焦裕禄精神进行科学定义和精辟总结，成为焦裕禄精神的鲜明标志，为焦裕禄精神宣传科学化、研究理论化奠定了重要基础，确立了焦裕禄精神在红色精神谱系的重要地位。

（一）亲民爱民

亲民爱民是焦裕禄精神的本质，与党的全心全意为人民服务的宗旨高度一致。马克思在《共产党宣言》中指出：无产阶级的运动是绝大多数人的、为绝大多数人谋利益的独立的运动。为人民服务是共产党不同于其他政党最鲜明的特征，也是近百年共产党人用鲜血用牺牲换来的经验总结。革命战争时期，毛泽东指出，要紧紧地和中国人民站在一起，全心全意地为中国人民服务。改革开放时期，邓小平要求我们做工作必须考虑群众拥护不拥护、赞成不赞成、高兴不高兴、答应不答应。新时代，习近平总书记提出了“人民对美好生活的向往，就是我们的奋斗目标”“我将无我，不负人民”“以人民为中心”等一系列要求。在推翻“三座大山”，建设新中国的道路上，我们党

---

① 习近平：《结合新的实际，大力弘扬焦裕禄精神》，《求是》2009 年第 10 期。

坚持走群众路线，尊重群众，相信群众，依靠群众，敬畏群众，感恩群众，最终带领人民群众取得了一个又一个胜利。

民为邦本，本固邦宁。在焦裕禄精神的“五个方面”中，最能够体现焦裕禄精神本质的就是亲民爱民。习近平总书记强调，学习焦裕禄就要学习他“心里装着全体人民、唯独没有他自己”的公仆情怀，要求党员干部要像焦裕禄那样把人民放在首位，把百姓冷暖放在心头。焦裕禄作为县委书记的榜样，真正做到了亲民爱民。正如1966年2月7日《人民日报》社论所指出的：“从焦裕禄同志身上，可以得到为谁服务的鲜明答案。他为我们树立了一个完全彻底地为人民服务的典范；从焦裕禄同志身上，也可以得到怎样为群众服务的生动答案，为我们树立了解决本地区、本部门的实际问题的典范。”① 《人民日报》作为党的机关报，站在“为人民”的高度，用“不为名，不为利，不怕苦，不怕死，一心为人民，一心为革命”对焦裕禄的崇高风范作出了高度评价。

（二）艰苦奋斗

艰苦奋斗是焦裕禄精神的精髓。习近平总书记指出，学习焦裕禄精神就要学习他勤俭节约、艰苦奋斗，敢教日月换新天的奋斗精神。艰苦奋斗是中华民族的光荣传统，是我们党的立业之本、执政之道、传家之宝，也是焦裕禄那个时代党员干部的精神风貌。我们党从小到大、从弱到强的历史就是一部艰苦奋斗的历史。从井冈山的斗争到湘江血战，从冲出敌人的“围剿”到跨越雪山走过草地，从延安

① 《向毛泽东同志的好学生——焦裕禄同志学习》，《人民日报》1966年2月7日。

的小窑洞到西柏坡的小平房，中国共产党筚路蓝缕、披荆斩棘，最后取得了全国的胜利。习近平总书记在2019年3月中央党校（国家行政学院）中青年干部培训班开班仪式上指出，我们当今的世界，正处于百年未有之大变局，我们面临着难得的历史机遇，也面临着一系列重大的风险考验，今天，实现中华民族伟大复兴的目标任务，必须发扬斗争精神，增强斗争本领，并要求党员干部要做到在各种重大斗争考验面前“不畏浮云遮望眼”，“乱云飞渡仍从容”。

焦裕禄的一生是奋斗的一生。在山东博山，他与贫穷斗、与困难斗；在抚顺大山坑煤矿，他与日本人斗、与汉奸斗；在逃荒路上，他与饥饿斗；在支前路上，他与国民党反动派斗；在尉氏，他与土匪斗；在兰考县，他与“三害”斗，与病魔斗。奋斗、抗争、不屈服贯穿焦裕禄42个春秋，而他奋斗的动力源于肩上的责、心中的爱、眼中的民、脚下的泥。他用实际行动践行了一个优秀共产党员的入党誓言，正如习近平总书记所言：“焦裕禄同志面对兰考自然灾害的肆虐和贫困落后的实际，一开始就立下雄心壮志：‘拼上老命大干一场，决心改变兰考面貌。’他走到哪里，实干苦干的标杆就树到哪里。每当风沙最大时，他都带头下去查风口、探流沙；每当雨下得最大时，他都带头下去冒雨涉水、观看洪水流势和变化。他得知自己病情很重时还豪迈地说：‘活着没有治好沙丘，死了也要看着把沙丘治好。’这种不怕困难、不怕牺牲的奋斗精神，生动体现了他对事业的笃定和责任的担当。”①

① 习近平：《做焦裕禄式的县委书记》，中央文献出版社2015年版，第40—41页。

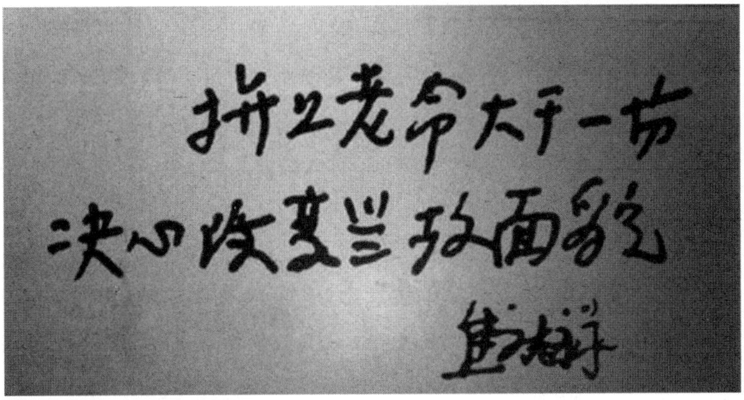

焦裕禄手迹——拼上老命大干一场,决心改变兰考面貌(兰考焦裕禄同志纪念馆供图)

(三)科学求实

科学求实是焦裕禄精神的灵魂。毛泽东在中国人民抗日军事政治大学讲学时曾说,干部要讲究老实,有多少讲多少。既反对自大,认为自己盖世无双,又反对自卑,把自己看得太渺小。习近平总书记指出,学习和弘扬焦裕禄实事求是、调查研究,坚持一切从实际出发的求实精神,大兴求真务实之风。① 按照什么样的方向走,怎么样去研究问题,怎么样才能做决策,这都叫实事求是。实事,就是客观存在的事物;求,就是设法得到;是,就是规律。从客观存在的事物当中找出事物发展的规律,然后再去做决策,这就是实事求是的思想路线。

科学求实是焦裕禄工作的重要遵循。焦裕禄到兰考,通过对全县的风沙、盐碱、内涝进行大规模的调研,摸清了“三害”的规律,然后制订方案,绘制蓝图,带领干部群众除“三害”。焦裕禄的实事求是,主要体现在两个方面:一是他到兰考后,针对“三害”肆虐的灾

① 习近平:《结合新的实际,大力弘扬焦裕禄精神》,《求是》2009年第10期。

情，把群众的生产、生活、生存问题放在了第一位。他认为，没有比让人吃饱饭更大的事情。这充分体现了他实事求是的作风和敢于担当的魄力。二是到兰考之后，作为主持工作的“一把手”，他先搞调查研究，把党委的决策建立在科学的基础上，没有盲动，而是切中要害、抓住主要矛盾。现在有一些干部到了一个地方后，不管三七二十一，贪大求洋、标新立异，提出一些不符合当地实际的举措，上马一些高大上的面子工程，对当地发展造成不良影响，也得不到群众的拥护和支持。群众不满意，党员干部出力也不讨好。焦裕禄在兰考为什么能够得到群众的拥护，关键就在于他以科学求实的态度，做到了实事求是，抓住了主要矛盾和群众的需求点。

（四）迎难而上

知难而进、迎难而上是共产党人的宝贵品质，也是焦裕禄精神的重要内容。作为党员干部，遇到困难和问题时，应该采取的正确态度是知难而上，在战略上藐视敌人，在战术上重视敌人。敢于发扬革命精神，明知山有虎，偏向虎山行，对棘手问题不绕、不躲，敢于肩挑重担、克难攻坚。

曾经有位学者说，焦裕禄在兰考是跑步度过475天的。1962年他到任兰考时，迎接他的是最穷、最苦、最难的局面。为了治“三害”，他与天斗，与地斗，不达目的，决不罢休。他当时给兰考的干部说：困难面前我们的态度是什么？一是不怕；二是顶着干。在兰考，他不惧风沙，不畏水患，不怕盐碱。他常说，干革命就得敢闯！成功了，有经验；失败了，有教训。只要敢闯，就能从困难中杀出一条路来！没有困难要我们共产党员干什么！学习焦裕禄，要秉承他知难而进、迎难而上的革命乐观心态。只有党员干部走在前、干在前，敢于直面问题，发挥模范带头作用，群众才会信任、才会信服，党组织的凝聚力、战斗力才能不断增强。当然，迎难而上也不是闭着眼睛蛮干，而是处理问题时做到有理、有据、有节，用科学的方法解决问题。

（五）无私奉献

无私奉献是焦裕禄精神的鲜明特点。1937 年 5 月 8 日，毛泽东在《反对自由主义》一文中指出："一个共产党员，应该是襟怀坦白，忠实，积极，以革命利益为第一生命……坚持正确的原则，同一切不正确的思想和行为作不疲倦的斗争……关心党和群众比关心个人为重，关心他人比关心自己为重。这样才算得一个共产党员。"①毛泽东的这段话，不仅指出了合格共产党员的标准，也指明了共产党员如何才能做到与群众的血肉联系。"在他（焦裕禄，编者注）看来，一个共产党员，以什么态度对待群众，关心群众，这不是什么方法问题，而是为人民服务的思想纯不纯、无产阶级感情深不深的问题。"②在洛阳矿山机器厂工作时，焦裕禄经常说，一个共产党员首先要有一颗对党的赤诚忠心，不能有任何私心杂念。有了私心就会忘掉党性，人也会变得自私起来，听不到群众的心声，摸不到群众的脉搏。③ 当时选派焦裕禄去兰考的开封地委书记张申，曾这样回忆："我们知道他是带着肝炎病去兰考的，也知道他在带病工作，曾经多次要求他住院治疗，但都被他用这样或那样的理由拖延下去……直到病情危重住院了，仍念念不忘党的工作。"

---

① 《毛泽东选集》第二卷，人民出版社 1991 年版，第 361 页。

② 骆自星：《焦裕禄精神在洛矿》，《经济导刊》2018 年第 9 期。

③ 刘玉营：《我们的"政治科长"》，《人民日报》1966 年 2 月 17 日。

为发展生产，焦裕禄号召群众发展水产养殖，想方设法帮助群众发展副业。到了丰收季节，群众送来了种的瓜和打的鱼，对焦裕禄表示感谢。但焦裕禄坚决不要，实在推辞不过，他就按市场价格付钱。当时，焦裕禄家里有6个孩子，上有老下有小，生活拮据，但他坚决不搞特殊化，从不为自己谋福利。他经常说，灾荒年月，群众的生活比我们更困难。为此，他还把县委常委的特别待遇取消。正是他的公正无私、清正廉洁，赢得了组织的信赖和人民的信任。《人民日报》社论评价：焦裕禄同志表现了一个共产党人的高贵品德。他不愧为毛泽东同志所说的“一个高尚的人，一个纯粹的人，一个有道德的人，一个脱离了低级趣味的人，一个有益于人民的人”。①

二、学习焦裕禄精神的要求

学习弘扬焦裕禄精神，不仅要明确向焦裕禄学什么，还要明白怎么学的问题。关于如何学习焦裕禄精神，习近平总书记曾多次作出重要论述，这些论述对于新时代条件下如何进一步学习弘扬焦裕禄精神指明了方向。

（一）学精神、学品质、学方法

习近平非常注重向典型学习。2006年7月26日，他在《之江新语》一书《要善于学典型》一文中指出：“向先进典型学习，可学者多

① 《向毛泽东同志的好学生——焦裕禄同志学习》，《人民日报》1966年2月7日。

矣！最关键的是要学精神、学品质、学方法。比如，学习焦裕禄，就要学习他勤政为民、艰苦奋斗的创业精神；学习牛玉儒，就要学习他廉洁奉公、清正无私的革命本色；学习郑九万，就要学习他‘心里装着群众，凡事想着群众，工作依靠群众，一切为了群众’的为民情怀；学习义乌发展经验，就要学习义乌人民从实际出发、创造性实践的经验。”①在这篇文章中，对于学习典型的成效如何，他强调要有正确的学习态度和学习角度。文中指出：“学习知识是一种学问，学习他人是一种美德。向别人学习，不同的人有不同的看法：仁厚的人看到别人的长处，挑剔的人看到别人的短处；谦虚的人学别人的长处修炼自己，自大的人借别人的短处膨胀自己；乐观的人学习别人而激励自己，悲观的人自惭形秽而放纵自己。归根结底，向别人学习的多寡、深浅、得失，取决于个人的学习态度和学习角度。这一点，向普通人学习如是，向先进典型学习亦如是。”②习近平关于学习典型的这些论述对于我们进一步学习弘扬焦裕禄精神有着重要启示。成为国家领导人后，习近平在 2009 年 4 月和 2014 年 3 月在兰考调研时鲜明指出，“学精神”要学习焦裕禄亲民爱民、艰苦奋斗、科学求实、迎难而上和无私奉献精神五个方面，“学品质”就要学习焦裕禄对党忠诚、心系群众、艰苦朴素、廉洁奉公、“任何时候都不搞特殊化”的道德情操，“学方法”就要学习焦裕禄始终坚持群众路线、注重调查研究、“吃别人嚼过的馍没有味道”的科学求实作风。

---

① 习近平：《之江新语》，浙江人民出版社 2007 年版，第 218 页。

② 习近平：《之江新语》，浙江人民出版社 2007 年版，第 218 页。

(二)深学、细照、笃行

2014年3月18日,习近平总书记主持召开兰考县委常委扩大会议,听取了大家的汇报后,关于怎样弘扬焦裕禄精神,他指出:“你们提出的开办宣传栏、大讲堂、影视频、朗诵会、演讲赛等形式都很好。这里,我再强调六个字,就是深学、细照、笃行。”①这是习近平总书记对全国的党员干部学习焦裕禄精神提出的要求和具体方法。

深学,就是要组织党员干部一点一滴学习焦裕禄同志的事迹,一字一句学习焦裕禄同志的言论,重点把焦裕禄精神学习好、领会透。不能大而化之,粗看都知道,细问不明白,没有触及灵魂。学习要同教育实践活动紧密结合起来,从相互融通中把握党的群众路线的本质要求,把握改进作风的重点。② 习近平总书记关于“深学”的方法,一语切中了学习焦裕禄不能“走形式、走过场”的要害。政治学习一定要避免“读一读,念一念”,更要克服讨论时偏离话题甚至闲聊的弊病。学习焦裕禄,要研究他的言论,研究他怎么跟群众讲话,研究他怎么跟同事沟通,他怎么安排工作,他具体是怎么做到的,这一切都要搞清楚弄明白。这就是“深学”,学习好,领会透,重在“透”字上。

细照,就是要引导党员、干部把焦裕禄精神作为一面镜子,从里到外、从上到下,反复照一照,深入查摆自己在思想境界、素质能力、作风形象等方面存在的问题和不足,从差距中增添动力和措施。有时候往往就是这样,不比不知道,一比吓一跳。③ 习近平总书记强调要把焦裕禄作为一个标杆、标准,党员干部通过和焦裕禄作比较,找

---

① 习近平:《做焦裕禄式的县委书记》,中央文献出版社2015年版,第42页。
② 习近平:《做焦裕禄式的县委书记》,中央文献出版社2015年版,第42页。
③ 习近平:《做焦裕禄式的县委书记》,中央文献出版社2015年版,第42页。

出差别在哪里,不足在哪里。对比清楚了,方向也就明确了,也就有了改正问题的动力和措施。

笃行,就是要引导党员干部向焦裕禄看齐,从今天做起,从眼前做起,从小事做起,像焦裕禄那样对待群众、对待组织、对待事业、对待同志、对待亲属、对待自己,像焦裕禄那样生命不息、奋斗不止,努力做焦裕禄式的好党员、好干部。① 笃行,在《新华字典》上有两个含义,一是"全心全意",二是"忠实"。意即用学习得来的知识和思想指导实践,要力行。习近平在学习焦裕禄时提出的"笃行",实际上有两层意思:第一,是要求践行焦裕禄精神,不能按照简单的、一般的要求去做,而是比一般的要高,要全心全意地向焦裕禄学习,真真正正地向他学习,而不是做些表面的文章。第二,"笃行"焦裕禄精神要"从今天做起,从眼前做起,从小事做起"。这三个"从",表达了习近平总书记学习焦裕禄精神的迫切心情,向焦裕禄学习要马上学,努力为党分忧,为民解忧,做焦裕禄式的好党员、好干部。

(三)真学、真信、真用

在2019年3月中央党校(国家行政学院)中青年干部培训班开班仪式上,习近平总书记强调,广大干部特别是年轻干部要在常学常新中加强理论修养,在真学真信中坚定理想信念,在学思践悟中牢记初心使命,在细照笃行中不断修炼自我,在知行合一中主动担当作为。在这里,习近平总书记强调了要在真学、真信、真用中守初心担使命。

对于真学、真信、真用,习近平在"不忘初心、牢记使命"主题教育工作会议上做出了明确要求,要做到理论学习有收获、思想政治受

① 习近平:《做焦裕禄式的县委书记》,中央文献出版社2015年版,第42页。

洗礼、干事创业敢担当、为民服务解难题、清正廉洁作表率，体现了党对新时代党员干部思想、政治、作风、能力、廉政方面的基本要求。

真学，要做到理论学习有收获，重点是教育引导广大党员干部在原有学习的基础上取得新进步，加深对新时代中国特色社会主义思想和党中央大政方针的理解，学深悟透、融会贯通，增强贯彻落实的自觉性和坚定性，提高运用党的创新理论指导实践、推动工作的能力。真信，要做到思想政治受洗礼，重点是教育引导广大党员干部坚定对马克思主义的信仰、对中国特色社会主义的信念，传承红色基因，增强“四个意识”、坚定“四个自信”、做到“两个维护”，自觉在思想上、政治上、行动上同党中央保持高度一致，始终忠诚于党、忠诚于人民、忠诚于马克思主义。真用，要做到干事创业敢担当，为民服务解难题，清正廉洁作表率。干事创业敢担当，重点是教育引导广大党员干部以强烈的政治责任感和历史使命感，保持只争朝夕、奋发有为的奋斗姿态和越是艰险越向前的斗争精神，以钉钉子精神抓工作落实，坚决摒弃一切明哲保身、得过且过、敷衍塞责、懒政怠政等消极行为，努力创造经得起实践、人民、历史检验的实绩。为民服务解难题，重点是教育引导广大党员干部坚守人民立场，树立以人民为中心的发展理念，增进同人民群众的感情，自觉同人民想在一起、干在一起，着力解决群众的操心事、烦心事，以为民谋利、为民尽责的实际成效取信于民。清正廉洁作表率，重点是教育引导广大党员干部保持为民务实清廉的政治本色，正确处理公私、义利、是非、情法、亲清、俭奢、苦乐、得失的关系，自觉同特权思想和特权现象作斗争，坚决预防和反对腐败，清清白白为官、干干净净做事、老老实实做人。

焦裕禄是不忘初心、牢记使命的党员典范。对照焦裕禄这个典型，仍然是党员干部学习教育、检视问题的重要内容，仍然是推动党员干部主动检视自我、自觉修正错误的重要参照。在“不忘初心、牢记使命”主题教育总结大会上，习近平总书记指出：“新中国成立以后，也是因为我们党有一大批像焦裕禄、谷文昌、杨善洲、张富清这样的英雄模范率先垂范，才团结带领人民群众不断开创各项事业发展新局面。”①党的事业需要焦裕禄，时代发展需要焦裕禄，从严治党更需要焦裕禄。因此，学习焦裕禄精神也要做到真学、真信、真用。

三、践行焦裕禄精神的路径

焦裕禄精神是一盏明灯，是一本永远读不完的书。学习弘扬焦裕禄精神，党员干部不仅要明确向焦裕禄学什么、怎么学，还得懂得如何践行，真正做到知行合一。要把焦裕禄精神作为一面镜子，见贤思齐，增强党性修养，提升素质能力，改善作风形象，做忠诚、干净、担当的合格党员。

2014 年 8 月 27 日，习近平总书记在北京听取了兰考县委和河南省委关于党的群众路线教育实践活动情况的汇报，提出要学习弘扬焦裕禄的“三股劲”，即对群众的那股亲劲、抓工作的那股韧劲、干事业的那股拼劲。

（一）秉承那股“亲劲”，践行为民思想

在焦裕禄眼里，兰考的群众就是他的家人，他对群众的那股“亲

---

① 习近平：《在“不忘初心、牢记使命”主题教育总结大会上的讲话》，2020 年 1 月 8 日。

劲”诠释了他的人民立场。立场问题是根本问题。正是因为焦裕禄做一切工作都是站在了人民的立场,才使得他和群众心连心,他的名字才深深地刻在人民的心底。焦裕禄在兰考,短短的一年多,一心琢磨的就是怎么样才能让老百姓吃饱穿暖、摆脱贫困。我们党来自人民,除了人民的利益没有自己的特殊利益。离开人民,党的一切斗争和理想不仅都会落空,而且都将变得毫无意义。

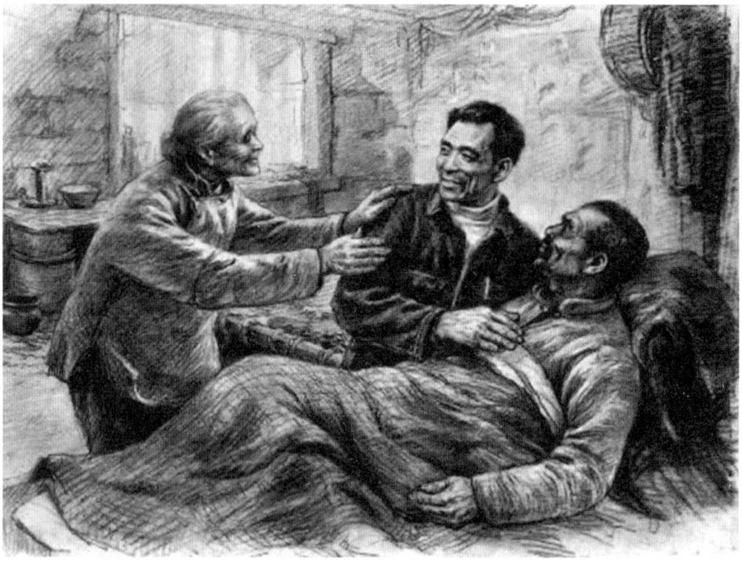

焦裕禄冒雪访贫问苦,在梁俊才老人家中,当被问及“你是谁”的时候,焦裕禄回答“我是您的儿子”

学习焦裕禄对群众的亲劲,关键就是要向群众付出真感情。焦裕禄和兰考人民的感情形成于与群众同甘共苦战“三害”的过程中,形成于雪夜拉着架子车为群众送救济棉衣的瞬间,形成于“我是您的儿子”的那句话。在纪念红军长征胜利80周年大会上,习近平总书记讲述了“半条被子”的感人故事。长征途中,3名女红军借宿徐解秀老人家中,看到老人家中没有御寒的棉被,临走时把仅有的一床被子剪下一半留给老人。老人说,什么是共产党?共产党就是自己有一条被子,也要剪下半条给老百姓的人。这个故事生动彰显了共产党人的性质和初心。习近平同志当年在梁家河下乡插队时,就打下了亲民爱民的感情基础。这么多年来,他到各地视察,我们都能看到他和人民群众在一起的亲切身影。

学习焦裕禄对人民群众的亲劲,不是凭空产生的,也不是装出来的。只有走进群众,长期保持和人民群众的联系,才能赢得人民群众对你的亲近。一旦感情淡漠了,老百姓就会疏远你。培养同群众的感情,是党员干部的必修课。党员干部常有这样的感觉,如果一段时间不到基层去,心里就空落落的,制定的文件指导性就差。如果经常下乡入户,与群众坐在一条板凳上,不仅会学到群众语言,掌握做群众工作的本领,而且会找到标杆、找到动力、找到源头活水。

"致理之要,惟在于安民,安民之道,在察其疾苦而已。"习近平在福建宁德时就讲:"党的好干部焦裕禄经常深入农村,深入农户,深入最穷最苦的地方。他带领县委委员到火车站看望逃荒的灾民,在大雪封门的时候还要求县委干部走出办公室到农民家里去发现情况,解决问题。他一头钻进农民低矮的茅屋,坐在农民的床头,自称是农民的儿子。"他还特别指出:"每一个党员干部特别是担负一定领导责任的同志,都应当同焦裕禄同志作个比较,经常想一想,自己为人民服务是不是做到'完全''彻底'了;自己在职权范围内,为群众办了哪些好事,解决了哪些困难;在对待'位子、票子、房子、妻子、孩子'等问题上,是打个人小算盘,还是与群众同甘共苦等等。只有心中装着群众,事事为人民打算,才能得到群众真心实意的支持。"①

---

① 习近平:《摆脱贫困》,福建人民出版社1992年版,第53页。

真正把群众当亲人，为群众发声、为群众代言、为群众解难，做到和群众打交道，要掏心窝子，态度诚、说话真、办实事，真正让群众感到可信赖，就能产生凝聚力。

（二）秉承那股“韧劲”，继承优良作风

作风问题关系人心向背。正是因为人民群众看到了焦裕禄同志的好作风，才把他看成党的好干部。面对“三害”肆虐，焦裕禄发出了“苦战三五年，改变兰考的面貌，不达目的，死不瞑目”的誓言。他蹲点调研，问计于民，为兰考人民闯出了一片走出贫穷的新天地。

学习焦裕禄抓工作的韧劲，关键是锤炼良好作风，坚定不移跟党走。党的十八大以来，以习近平同志为核心的党中央驰而不息抓作风建设，既解决了许多过去认为不可能解决的问题，也在全党树立了反对“四风”、改进作风的典范。实践证明，干部只有把身子沉下去，作风才能实起来。我们要解决前进道路上的矛盾和问题，就要像焦裕禄那样，练就过硬作风，力戒浮躁、摒弃功利，以钉钉子精神，一锤接着一锤敲，苦干实干、久久为功。

学习焦裕禄抓工作的韧劲，还要夯实共产党人的坚强定力。一个人入了党，只是万里长征的第一步，要经受住“爬雪山”“过草地”的考验，必须有坚强的定力来支撑。现在我们进行新长征也是这样，比如在抓脱贫攻坚上，习近平总书记每次考察工作都要访贫问苦，每逢重要场合都要讲脱贫攻坚，每遇难事难题都要亲自督办，这就是共产党人的坚强定力。如果我们都能保持抓常抓细抓长的韧劲，就没有什么硬骨头啃不下，没有什么工作干不成。心有定力，才能笃行致远。定力不是与生俱来的，而是来自实践的历练和升华。要稳得住心神，面对各种诱惑和名利得失时，始终保持平和心态，经常扫扫心

在焦裕禄的带领下，兰考人民向“三害”进军（兰考焦裕禄同志纪念馆供图）

灵上的灰尘，始终守住底线。要站得牢脚跟，要扑得下身子，认准了的事情，心无旁骛，一干到底，不达目的不罢休。

（三）秉承那股“拼劲”，坚定理想信念

理想信念是共产党人的“总开关”，信念坚定必然对党忠诚，表现在行动上就是拼命工作。当上级决定派焦裕禄到条件十分艰苦的兰考工作时，他没有半句怨言，他说，“我是个共产党员，只要党需要，我就要克服一切困难尽力完成”。焦裕禄在兰考，天天都在拼，终身都在拼，为党和人民的事业拼尽了最后一口气，用一个个行动践行了入党誓言。“人之忠也，犹鱼之有渊。”忠于党、忠于人民、忠于职责，才能自觉把个人的命运同党和人民的事业紧密联系起来，抛却自我、登高远眺、升华境界。中国革命、建设和改革开放的巨大成功，就是中国共产党人理想信念的胜利。长征路上“风雨浸衣骨更硬，野菜充饥志越坚”，背后的支撑是革命理想高于天。和平时期，许许多多共产党员在平凡的岗位上做出非凡壮举，只为心中的主义和信

仰。社会主义是干出来的,新时代也是干出来的。今天,我们夺取新时代中国特色社会主义伟大胜利,就要像焦裕禄那样,坚定理想信念,坚守精神追求,“暮雪朝霜,毋改英雄意气”,为推进党和人民的事业拼尽全力。

兰考群众查看泡桐树长势(刘俊生供图)

学习焦裕禄干事业的拼劲,关键是要增强忠诚使命的自觉担当。我们党的使命,是为中华民族谋复兴,这是党不断前进的根本动力。为了实现这一伟大梦想,无论面对怎样的苦难、经历怎样的风雨,一代又一代共产党人始终矢志不渝、勇往直前,取得了一个又一个胜利。对党员干部来说,强化使命担当,要坚守精神家园,从《共产党宣言》等马克思主义经典著作中汲取力量,用习近平新时代中国特色社会主义思想武装头脑,增强“四个意识”,坚定“四个自信”,做到“两个维护”;要强化党的意识,时刻想着自己是党的人,党叫干啥就干啥，党叫去哪儿就去哪儿，始终为党勤奋工作；要砥砺意志品质，敢于挑起重担，敢于克难制胜，敢于奋勇争先，在奋斗中锻造自己。

四、习近平等中央领导人对焦裕禄精神的倡导与弘扬

焦裕禄被誉为毛泽东的好学生，是县委书记的榜样，更是全党的榜样。历届中央领导人都对焦裕禄这一典型给予了充分关注，对学习弘扬焦裕禄精神都高度重视。焦裕禄去世后，毛泽东、周恩来等中央领导同志于1966年9月15日、10月1日先后两次接见焦裕禄的子女，以这种形式表达了对焦裕禄的关注和支持，为焦裕禄事迹的大范围传播营造了巨大的舆论影响力。改革开放后，邓小平为纪实文学《焦裕禄》题写书名，为宣传弘扬焦裕禄精神提供了强大支撑；江泽民、胡锦涛等多位党和国家领导人视察兰考，发表重要讲话，在中央层面为宣传弘扬焦裕禄精神给予了有力支持。这些都有力推动着焦裕禄精神融入共产党人的思想殿堂，嵌入共产党人的精神谱系。

习近平同志更是有着深深的焦裕禄情结。任浙江省委书记时，习近平同志多次撰文谈焦裕禄精神。在《之江新语》的多篇文章中，他说，“县委书记的榜样焦裕禄，‘官’有多大？但他的形象是十分高大的”①，“学习焦裕禄，就要学习他勤政为民、艰苦奋斗的创业精神”②，“像领导干部的好榜样焦裕禄、孔繁森、郑培民等英模人物那样，做一个亲民爱民的公仆，做一个忠诚正直的党员，做一个靠得住、

① 习近平：《之江新语》，浙江人民出版社2007年版，第3页。
② 习近平：《之江新语》，浙江人民出版社2007年版，第218页。

有本事、过得硬、不变质的领导干部”①。可以说，习近平那一代的党员干部是受着焦裕禄精神的洗礼成长起来的，他们视焦裕禄为人生榜样，并将焦裕禄精神融入了自己的世界观、人生观、价值观之中。2009年，在焦裕禄逝世45周年前夕，时任国家副主席习近平视察兰考。在讲话中，习近平同志用了“很激动”“如愿以偿”来表达内心的敬仰之情，并系统概括焦裕禄精神的内涵：亲民爱民、艰苦奋斗、科学求实、迎难而上、无私奉献。② 2019年3月18日在学校思政课教师座谈会上，总书记又说：“真信才有真情，真情才能感染人。我为什么对焦裕禄那么一往情深，就是因为我在上初中一年级时，当时宣传焦裕禄的事迹，我的政治课老师在讲述焦裕禄的事迹时数度哽咽，一度讲不下去了，捂着眼睛抽泣，特别是讲到焦裕禄肝癌最严重时把藤椅给顶破了，我听了很受震撼。”③

（一）把学习焦裕禄精神作为主题教育活动的重要内容

习近平同志先后三次视察兰考，多次就弘扬焦裕禄精神发表了重要讲话。在党的群众路线教育实践活动中，习近平同志把焦裕禄为之奋斗和献身的地方——兰考作为其联系点，要求把学习弘扬焦裕禄精神作为一条红线贯穿始终。在中央开展的加强理想信念和道德品行教育、“三严三实”专题教育、“两学一做”学习教育、“不忘初心、牢记使命”主题教育中，要求把焦裕禄精神作为学习载体和重要内容，要求各级领导干部要把焦裕禄作为立身立行立言立德的标杆

---

① 习近平：《之江新语》，浙江人民出版社2007年版，第84页。

② 习近平：《结合新的实际，大力弘扬焦裕禄精神》，《求是》2009年第10期。

③ 习近平：《思政课是落实立德树人根本任务的关键课程》，《求是》2020年第17期。

和榜样,带头学深悟透、深查细照、笃行实改。① 要求发挥先进典型的道德示范作用,坚持用焦裕禄等先进事迹教育干部,激发干部“见贤思齐”的内生动力。② 习近平同志对焦裕禄精神的高度赞誉及将焦裕禄作为全党的学习榜样,有力促进了焦裕禄精神在新时代的传播,成了新的历史条件下宣传弘扬焦裕禄精神的里程碑。

(二)确立焦裕禄精神在红色精神谱系的重要地位

2015 年 8 月,县委书记的榜样——焦裕禄雕像在我党培训高中级领导干部和马克思主义理论骨干的最高学府——中央党校竖立。焦裕禄的雕像坐落在学员楼广场,以表达党员干部在党的事业中的中流砥柱作用,让学员在潜移默化中受到深刻教育,增强在党言党、在党忧党、在党为党的自觉性。党的十九大报告中指出:“要坚持党管干部原则,坚持德才兼备、以德为先,坚持五湖四海、任人唯贤,坚持事业为上、公道正派,把好干部标准落到实处。”③焦裕禄在政治思想、道德品格、文化专业、组织能力、干事劲头等方面的素养,与习近平总书记提出的信念坚定、为民服务、勤政务实、敢于担当、清正廉洁五个方面的好干部标准相得益彰、相互映照,有深刻的内在联系。可以说,焦裕禄就是新时代党员干部为民务实清廉、忠诚干净担当的最好代表,焦裕禄精神就是新时代好干部标准的最好诠释

---

① 中央党的群众路线教育实践活动领导小组:《关于在教育实践活动中学习弘扬焦裕禄精神践行“三严三实”要求的通知》(群组发〔2014〕8 号),2014 年 3 月 30 日。

② 中共中央组织部:《关于在干部教育培训中加强理想信念和道德品行教育的通知》(中组发〔2014〕15 号),2014 年 7 月 19 日。

③ 《习近平在中国共产党第十九次全国代表大会上的报告》,《人民日报》2017 年 10 月 28 日。

和完美画像。

中国共产党的历史是一部革命史、斗争史，也是一部红色精神的传承史。形成于社会主义建设时期的焦裕禄精神，彰显了那一代党员干部意气风发、大干快干、力争上游、比学赶超的革命斗志。焦裕禄这个典型，也是我们党较早的以党员干部姓名树立的红色精神之一。习近平同志指出，焦裕禄精神同井冈山精神、延安精神、雷锋精神等革命传统和伟大精神一样，过去是、现在是、将来仍然是我们党的宝贵精神财富，我们要永远向他学习。① 习近平同志对焦裕禄精神的一系列评价，充分肯定了焦裕禄对历史、对人民的丰功伟绩，确立了焦裕禄精神在中国共产党红色精神谱系的重要地位。

（三）不断丰富焦裕禄精神的时代内涵

中共中央对焦裕禄精神的宣传高度重视、一脉相承。20 世纪 60 年代，党媒对焦裕禄的宣传主要集中在事迹报道上，中央领导人有关焦裕禄的论述主要集中在其活学活用毛泽东思想、艰苦奋斗、为民服务等方面。20 世纪 90 年代，第一次将焦裕禄事迹上升为焦裕禄精神，媒体报道也从事迹宣传向对焦裕禄工作作风、领导方法、清正廉洁等方面转变，中央领导人对焦裕禄精神的论述开始围绕“坚持实事求是思想路线”“不怕困难，顽强拼搏”“廉洁奉公，勤政为民”“坚持理想信念”等方面展开。

习近平同志先后在多个重要场合和会议上，阐述学习焦裕禄精神的意义，对新时代焦裕禄精神的传播起了空前巨大、划时代的作用。

---

① 徐晨光等：《焦裕禄精神是党的宝贵财富》，《人民日报》2014 年 6 月 26 日。

他指出,焦裕禄精神“无论过去、现在还是将来,都永远是亿万人民心中一座永不磨灭的丰碑,永远是鼓舞我们艰苦奋斗、执政为民的强大思想动力,永远是激励我们求真务实、开拓进取的宝贵精神财富”①。习近平同志还站在推动党的事业发展的高度,对焦裕禄精神的价值内涵进行延伸拓展,从焦裕禄精神的“五个方面”到“公仆情怀、求实作风、奋斗精神、道德情操”四种内涵,从“心中有党、心中有民、心中有责、心中有戒”“四有”县委书记到“政治的明白人、班子的带头人、发展的开路人、群众的贴心人”“四种人”,从“对群众的那股亲劲、抓工作的那股韧劲、干事业的那股拼劲”“三股劲”到“一条红线”,从“一盏明灯”到“强大精神正能量”,他多次提炼焦裕禄精神的核心特质,不断赋予焦裕禄精神新的时代价值和内涵。同时,习近平同志还出版了专著《做焦裕禄式的县委书记》。习近平同志对焦裕禄精神的研究科学系统、理论深厚、内容完备,富有针对性、时代性和实践性,为广大党员干部学习焦裕禄精神提供鲜明导向,进一步提升了焦裕禄精神在中国红色精神谱系的地位,彰显了焦裕禄精神的历史和时代价值,为新时代宣传推广焦裕禄精神开辟了新途径、新境界。

(四)将焦裕禄精神融入治国理政思想

不断从焦裕禄身上学习工作方法。习近平同志不仅善于总结焦裕禄精神,还不断从焦裕禄的工作方法、思想格局、领导艺术中汲取营养。“吃别人嚼过的馍没味道”“我是农民的儿子”“领导干部不能搞特殊化”等焦裕禄经典语录常见于习近平的著作和讲话中。党的十八大前,为加强作风建设,习近平同志在主持制定“八项规定”时,

---

① 习近平:《结合新的实际,大力弘扬焦裕禄精神》,《求是》2009 年第 10 期。

专门组织学习了焦裕禄制定的“干部十不准”文件。这些都说明习近平同志对焦裕禄事迹十分熟悉、运用自如，也说明焦裕禄很多工作方法、理念到今天仍有实践价值。焦裕禄非常注重下乡调研、掌握第一手资料，在兰考期间走访了 120 多个大队。习近平同志也重视调查研究，要求当县委书记要跑遍所有的村，当地市委书记要跑遍所有的乡镇，当省委书记要跑遍所有的县市区。习近平同志的工作理念与焦裕禄有很多相通的地方。

把焦裕禄精神作为加强党的建设的重要抓手。加强党的建设是我们党的优良传统和重要法宝，也是新时代推进党的事业高质量发展的根本保障。面临着形式主义、官僚主义等影响党的先进性、弱化党的纯洁性等问题，习近平同志要求要“引导党员、干部把焦裕禄精神作为一面镜子，从里到外、从上到下反复照一照，深入查摆自己在思想境界、素质能力、作风形象等方面存在的问题和不足，从差距中增添动力和措施”①。面对部分党员干部脱离群众问题，需要发扬焦裕禄的公仆情怀，坚持从严治党、正风肃纪，以亲劲、韧劲、拼劲，走好新时代的群众路线，强化干部作风建设。

将焦裕禄精神作为推动实现中国梦的强大正能量。习近平同志强调，希望通过学习弘扬焦裕禄精神，为推进党和人民事业发展、实现中华民族伟大复兴的中国梦提供强大正能量。② 虽然时代不同了、发展环境变化了，但我们党的宗旨没有变、社会主义核心价值取向没有变、人民对富裕美好生活的期盼没有变，焦裕禄仍是全社会对好干部

---

① 习近平：《做焦裕禄式的县委书记》，中央文献出版社 2015 年版，第 42 页。

② 习近平：《做焦裕禄式的县委书记》，中央文献出版社 2015 年版，第 33—34 页。

的共同呼唤，焦裕禄精神仍是全党聚力前行的价值共识。面对新时代主要社会矛盾的转化，面对百年未有之大变局，党的事业迫切需要焦裕禄这样忠诚于党、一心为民的干部，社会管理需要焦裕禄这样认真负责、有方法有经验的干部，经济发展需要焦裕禄这样敢于创新、敢闯敢干的干部，事业推动需要焦裕禄这样高效执行、能干事干成事的干部，群众工作需要焦裕禄这样接地气、能与群众打成一片的干部，维持社会和谐稳定需要焦裕禄这样善于作为、敢于担当的干部。

第三章

焦裕禄精神的时代价值

榜样的力量是无穷的！习近平总书记说过："兰考是焦裕禄同志生活工作过的地方、焦裕禄精神的发祥地，希望通过学习焦裕禄精神，为推进党和人民的事业发展，实现中国梦提供强大精神正能量。"随着时代的发展，人们的思想观念会发生变化，但焦裕禄同志坚守的共产党人的理想信念没有变；经济发展水平、物质生活条件在提高，但焦裕禄身上体现的共产党人的政治品格没有变。我们要从事物的变与不变中把握焦裕禄精神的时代价值，解决"为什么学"的问题。本章从建设高素质干部队伍呼唤焦裕禄精神、全面从严治党呼唤焦裕禄精神、培育社会主义核心价值观呼唤焦裕禄精神三方面展开。

一、建设高素质干部队伍呼唤焦裕禄精神

治国之要，首在用人。2013 年 6 月，习近平总书记在全国组织工作会议上强调："实现党的十八大确定的各项目标任务，进行具有许多新的历史特点的伟大斗争，关键在党，关键在人。"①党的十九大报告指出："要坚持党管干部原则，坚持德才兼备、以德为先，坚持五湖四海、任人唯贤，坚持事业为上、公道正派，把好干部标准落到实处。"②这是我们党对新时期建设高素质干部队伍提出的具体要求。新时期，建设一支高素质干部队伍，需要发扬焦裕禄精神。习近平同志曾指出，党员领导干部要把焦裕禄精神作为一面镜子，从上到下、从里到外反复照照自己。领导干部要深入分析自己在作风形象、素质能力、思想境界等方面存在的不足，弘扬焦裕禄精神，努力做焦裕禄式的好干部。

（一）信念坚定的光辉典范

习近平同志把理想信念比喻为共产党人精神上的"钙"，他指出，共产党员如果没有理想信念，理想信念不坚定，精神上就会"缺钙"，就会得"软骨病"。焦裕禄一生忠于党忠于革命，是一个理想信念坚定的优秀共产党员。他的忠诚与自信来自党的培养和自我学习。

---

① 《习近平谈治国理政》第一卷，外文出版社 2014 年版，第 411 页。

② 《习近平在中国共产党第十九次全国代表大会上的报告》，《人民日报》2017 年 10 月 28 日。

焦裕禄有句名言:“干劲不足的时候查思想,思想不通的时候,就要加紧读毛主席的书。”对党的科学理论的深入学习和深刻理解,使他对党的事业保持高度热忱。焦裕禄一生都具有昂扬向上的精神风貌。

信念坚定是高素质干部队伍建设的首要标准。要想成为高素质干部,就要始终坚定马克思主义信仰和中国特色社会主义信念,忠诚于党的事业,不违反社会公德和职业道德,带头传递正能量,时刻做到在党言党、在党为党、对党忠诚,把满腔的热情化为干事创业的精神动力,时刻为党的事业、为人民的幸福艰苦奋斗、勤政务实。

(二)为民服务的光辉典范

焦裕禄的一生,始终贯穿着为人民服务的公仆思想,始终贯穿着不图名、不图利、不顾生死的奉献精神。尽管他身体不好,患有肝病,经常被剧烈的肝痛困扰,但是,他仍然经常出现在农田里,出现在百姓中间,出现在最困难的地方,与老百姓打成一片。当风沙最大的时候,焦裕禄冲锋在前,查看一个个风口,查找风沙的源头;当暴雨最大的时候,焦裕禄带领干部群众查看汛情,查看水流,做好消除内涝的调查研究工作。

在焦裕禄心中,只有群众疾苦,只有百姓冷暖,没有个人利益,他时时刻刻为百姓着想,焦裕禄这种大公无私的精神境界体现了共产党员的优秀品质。焦裕禄在兰考工作期间,经常告诉自己身边的干部要想从根本上改变兰考贫穷落后的面貌,必须要树立主人翁的意识,积极为人民服务,积极吃苦,最后享福。焦裕禄不仅是这样说的,而且是这样做的,他能够把思想落实到实际行动上,将为人民服务的理念运用于工作中,真正做人民群众的好公仆,真正做到爱民、亲民。他经常冒着风雪为贫困户送去党的温暖,真正做到与群众心连心、同呼吸、共命运。焦裕禄通过自己的实际行动为广大干部树立了“心里装着人民、唯独没有自己”的人民公仆形象。

（三）勤政务实的光辉典范

焦裕禄身负党和人民的重托，来到兰考任县委书记，面对一个又一个困难，他善于理论联系实际，白天下乡调研，晚上回去读毛主席著作，思考解决问题的办法。尊重科学、尊重规律、实事求是既是焦裕禄精神的灵魂，也是其生生不息、历久弥新的强大精神支撑。

焦裕禄在兰考工作的时间并不长，但他给老百姓办的都是看得见摸得着的实事，所以深受人民群众爱戴。习近平总书记指出：“要树立正确政绩观，多做打基础、利长远的事，不搞脱离实际的盲目攀比，不搞劳民伤财的‘形象工程’、‘政绩工程’，求真务实，真抓实干，勇于担当，真正做到对历史和人民负责。”①焦裕禄的勤政务实是一种科学精神，又是一种工作作风，更是一种人生态度。调查研究是做一切工作的基础和前提，事关工作的得失成败。凡事探求就里、“吃别人嚼过的馍没味道”生动地揭示了焦裕禄的务实精神，为党员干部实实在在做人做事提供了镜鉴。

（四）敢于担当的光辉典范

敢于担当是共产党员的必备素质，也是我们党的优良传统。领导意味着责任，履行职责就要勇于担当。领导干部要有强烈的担当意识，这是党的十八大以来习近平总书记系列重要讲话中的一个鲜明观点。焦裕禄是密切党同人民群众血肉联系的典范，他的公仆情

① 《习近平谈治国理政》第一卷，外文出版社2014年版，第400页。

怀、求实作风、奋斗精神和道德情操，蕴含着强烈的敢于担当意识。焦裕禄是一个敢于担当、勇于负责的人。当初有的领导同志不愿到兰考工作，嫌弃那里是重灾区。焦裕禄接受党和人民的重托，愿意到最艰苦的兰考工作，这本身就是敢于迎接挑战、敢于担当的体现。面对兰考的灾情，是苦熬三年还是苦干三年，焦裕禄果断选择苦干。在焦裕禄眼里，作为一名共产党员，为民谋利、敢于担当是自己义不容辞的责任。

重温焦裕禄的事迹，我们就会发现一个问题，当前一些党员干部缺乏像焦裕禄那样敢于担当的精神，缺乏责任意识，私心杂念太重。习近平总书记指出："干部就要有担当，有多大担当才能干多大事业，尽多大责任才会有多大成就。"①担当精神是一种胸怀、一种修养，也是民族精神的重要内容。党的领导干部手握权力，权力意味着担当，权力越大，责任越大。党员干部要具有担当精神，就是要做到大事面前敢负责，困难面前敢应战。

（五）清正廉洁的光辉典范

廉洁奉公是党员干部最基本的为政底线，也是焦裕禄精神的核心内容之一。在兰考工作的475天里，焦裕禄没有占公家一分钱的便宜，经常冒着大风、严寒、雨雪去查看风沙、内涝、盐碱的变化情况，奔走于人民群众之中。清正廉洁、无私奉献不仅是焦裕禄精神的重要内容之一，还是对党员干部的基本要求。焦裕禄从不因为自己是县委书记而搞任何特殊，他不仅对自己有着严格的要求，对于子女和

---

① 人民日报社评论部编著：《"四个全面"学习读本》，人民出版社2015年版，第285页。

亲属也是如此。焦裕禄的大女儿焦守凤初中毕业没考上高中，在家闲着没事干，有人介绍她去当小学教员，有人介绍她去邮政局当话务员，也有人介绍她去当营业员。但是焦裕禄都没有同意，他认为，年轻人应干点体力活、脏活、累活，要找一个体力劳动比较重的职业去锻炼锻炼，后来，焦守凤到县食品加工厂当了一名临时工。

作为清正廉洁的光辉典范，焦裕禄的清廉人生充分彰显了共产党员的先进性和纯洁性。弘扬焦裕禄同志的清廉精神是当前乃至今后共产党人密切联系群众、巩固执政地位的客观要求与现实需要。在市场经济体制不断发展和完善的今天，在全面深化改革、不断扩大开放的今天，在全面建成小康社会的今天，我们更加需要广大党员干部像焦裕禄那样，保持清正廉洁的为政准则。

二、全面从严治党呼唤焦裕禄精神

勇于自我革命，从严管党治党，是我们党最鲜明的品格。在兰考，焦裕禄严惩酒肉干部、严管下属亲属，制定“干部十不准”，是坚持法纪底线、正风肃纪的典型。他身上充分体现了我们党立党为公、执政为民的宗旨，体现了时刻维护群众利益、严肃惩治腐败的坚定决心。全面从严治党，要把焦裕禄精神作为一面镜子，深学、细照、笃行，深入查摆自己在理想信念、思想境界、能力素质、形象作风等方面存在的问题和不足，见贤思齐，见不贤而内自省，努力做焦裕禄式的好党员、好干部。

（一）忠诚于党的政治品格

焦裕禄把自己的一生都无私地奉献给了党和人民的事业，他用自己短暂的一生谱写了一曲共产党人忠诚于党、忠诚于人民、忠诚于信仰的精彩华章。坚守马克思主义的信仰，坚守社会主义和共产主义的信念，是共产党人的政治灵魂，是共产党人经受住任何考验的精神支柱。只有党员干部信仰坚定，才能领导群众去信仰；失去了信仰，仅仅剩下权力，势必会陷入“塔西佗陷阱”。焦裕禄精神贯穿着“革命理想高于天”的主线，体现着共产党人“永不动摇信仰”的品格，生动表达了共产党人对远大理想的坚贞和执着。学习焦裕禄精神，积极践行社会主义核心价值观，党员干部就要把坚定理想信念作为安身立命的主心骨，作为修身立业的压舱石，始终保持在理想追求上的政治定力，自觉做共产主义远大理想和中国特色社会主义共同理想的坚定信仰者和忠实实践者，在全面建成小康社会、实现中华民族伟大复兴中国梦的历史进程中充分发挥先锋模范作用。

（二）不搞特殊化的良好作风

焦裕禄身为兰考县委书记，时刻保持着公权为民的权力观，处处严格要求自身，随时随地率先垂范，堪称廉洁自律的楷模。焦裕禄要求在县委工作以及在各级党委工作的同志，要严格遵守党的纪律，处处起到模范带头作用。此外，各级党委干部在生活上不能搞特殊化，同时，干部的家属更不能搞特殊化。一次国家给兰考拨来一批救济棉花，救灾办公室的同志看到焦裕禄的棉袄很破，就决定照顾他三斤棉花，让他换件新棉袄，大家怕他不要，就把三斤棉花票送到他家里。焦裕禄知道这件事后对救灾办公室的同志说：“救灾物资是给群众的，我们不能要，虽说我的棉衣破点，但还能穿，比起没有棉衣穿的群众强多了。作为领导要时刻保持艰苦朴素的作风，生活上向低标准看齐。”①最后硬是让家属把棉花票退了回去。焦裕禄身为廉洁自律的楷模，为新时期的广大党员干部树立了榜样。“一分权力，十分责任，权力越大，责任越重。”这句话是非常有道理的。焦裕禄也是经由基层的锻炼，一步步成长为百姓心中的好官。县委书记是全国一线总指挥，是全国县域治理中的骨干力量。责任大，担子重。1962 年的兰考遭受“三害”的侵蚀，处于难上加难的困境。在如此艰难的环境中，焦裕禄仍然能够做到廉洁自律，内心的信念毫不动摇，不曾为自己谋求一点私利，为我们提供了一面廉洁自律的镜子。广大党员干部要坚持立身不忘做人之本、为政不移公仆之心、用权不谋一己之私，坚持慎独慎微，廉洁自律，始终牢记“不以恶小而为之”，不该做的事情坚决不做，自觉拒腐防变，始终保持共产党人清正廉洁的政治本色。

（三）严管干部的责任意识

对触犯党纪国法和侵犯群众利益的干部，焦裕禄从来都非常严厉。

有一次，兰考县检察院工作人员下乡检查中，发现一名生产队长“贪污自肥”。这个队长利用自身职务之便，偷了大队一万多块砖瓦、几十棵树，为自己家盖了几间瓦房，还偷了 900 多斤的麦种。当时正值灾荒之年，粮食产量和社员收入都非常低，这无疑加剧了群众生活的困难。时任县委书记的焦裕禄接到情况反映后，对此作了长长的批示，并称之为“天灾之外的人祸”。河南省档案馆至今仍存有当年的手稿：“……这样的坏党员在群众生活严重困难的情况下，贪

① 汤传稷：《从历史档案再读焦裕禄》，《河南日报》2009 年 4 月 21 日。

污盗窃发了大财……不立即严肃处理绳以党纪国法，是不能挽回影响的，不能平民愤的……”尽管纸页因尘封泛黄，笔迹亦模糊，但字里行间的愤怒，仍能穿透岁月，直抵人心。

群众的利益无小事。习近平总书记强调，凡是群众反映强烈的问题都要严肃认真对待，凡是损害群众利益的行为都要坚决纠正。焦裕禄始终把群众利益看得比天大，他不能容忍任何损害群众利益的事情发生。尤其是在困难时期，他认为做损害群众利益的事就是犯罪。焦裕禄身上充分体现了我们党“立党为公，执政为民”的宗旨，体现了时刻维护群众利益、严肃惩治腐败的坚定决心。

（四）干净干事的优秀品质

正如习近平总书记强调指出的：“为政清廉才能取信于民，秉公用权才能赢得人心。”①焦裕禄同志始终牢记手中的权力来自人民，公款姓公，一分一厘都不能乱花；公权为民，一丝一毫都不能私用，用清廉之风塑造了一个优秀共产党员和优秀县委书记的光辉形象，不仅拉近了与群众的距离，而且赢得了人民群众的信任和尊敬。

任职兰考期间，他更是保持着任何时候都不搞特殊化的道德情操，坚持权为民所用、情为民所系、利为民所谋。“生也沙丘，死也沙丘，父老生死系”，焦裕禄把全部心思和精力都用在干事创业上，做到为官一任、造福一方。1963 年 1 月，国家给兰考下发了一批救灾物资，当焦裕禄看到自己的名字出现在救济名单上时，不但主动从名单中画掉了自己的名字，而且对负责发放救济的干部进行了批评教育，并在当晚召开机关党员大会，郑重告诉全体党员要事事、时时想

① 《习近平谈治国理政》第一卷，外文出版社 2014 年版，第 385 页。

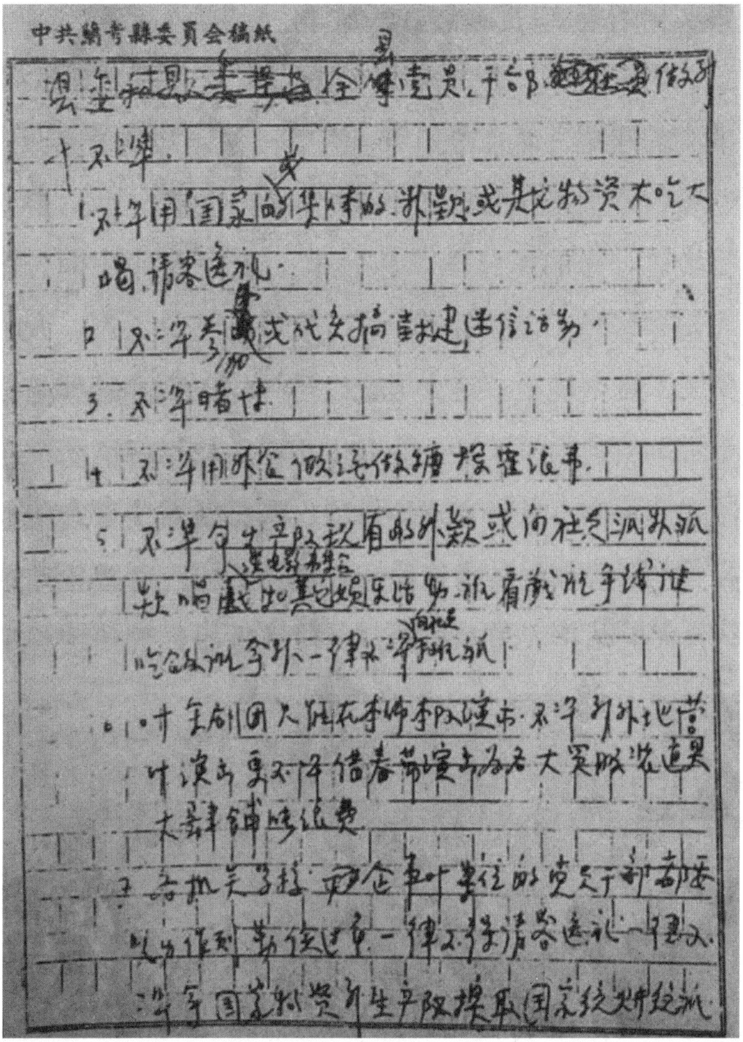
中共蘭考縣委員會稿紙

焦裕禄起草的“干部十不准”文件手稿(兰考焦裕禄同志纪念馆供图)

着群众，宁愿自己苦点儿也不要随便要国家救济。针对当时党内存在的一些不良倾向，焦裕禄提议并亲自起草下发了“干部十不准”的文件，规定任何干部不准用国家的或集体的粮款或其他物资大吃大喝、请客送礼；不准参加或带头搞封建迷信活动；不准赌博；各机关、学校、企事业单位的党员干部都要以身作则，勤俭过年，一律不得请客送礼，一律不准拿国家物资，到生产队换取国家统购统派物资，一律不准用公款组织晚会，一律不准送戏票，十排以前戏票不能光卖给机关或几个机关经常包完，一律不准到商业部门、合作社部门要特殊照顾；不准借春节之机，大办喜事（不是不准结婚），做寿吃喜，大放鞭炮，挥霍浪费；等等。可以看出，焦裕禄严明了公家利益与自我私利的界限。在他看来，公家利益的直接受益人应该是老百姓，不能成为干部谋求私利的来源。领导干部要做到廉洁奉公，这是党员干部的从政底线。“干部十不准”不仅是焦裕禄对干部的严格约束，而且是对自身从政道德底线的制约。对照焦裕禄精神，党员干部要牢固树立正确权力观，保持高尚精神追求，敬畏人民、敬畏组织、敬畏法纪，做到公正用权、依法用权、为民用权、廉洁用权，永葆共产党人拒腐防变的政治本色。

三、培育社会主义核心价值观呼唤焦裕禄精神

党的十八大从建设社会主义文化强国的战略高度，提出了培育和践行社会主义核心价值观的重大任务，将社会主义核心价值观从国家、社会和公民三个层面表述为：富强、民主、文明、和谐，自由、平等、公正、法治，爱国、敬业、诚信、友善。其中，富强、民主、文明、和谐是发展目标，是立足国家层面提出的要求；自由、平等、公正、法治是价值导向，是立足社会层面提出的要求；爱国、敬业、诚信、友善是道德准则，是立足公民个人层面提出的要求。社会主义核心价值观反映了我们党的宗旨和构建和谐社会的要求，体现了我们党高度的理

论自觉和文化自觉，是中国特色社会主义的“铸魂工程”。“亲民爱民、艰苦奋斗、科学求实、迎难而上、无私奉献”的焦裕禄精神，与社会主义核心价值观在内容上一致，在目标上契合，都体现了历史发展和社会进步的客观需要，体现了党的宗旨和先进性。

（一）国家层面的价值导向

半个多世纪以来，焦裕禄的名字响彻神州大地，焦裕禄精神影响了无数中华儿女。焦裕禄精神在党领导人民摆脱国家落后状态、建设社会主义强国的伟大征程中，树立了一个永恒的精神标杆，成为引领广大党员干部全心全意为人民服务的不朽精神旗帜。

1. 时代的楷模

在中国共产党近百年苦难辉煌的历程中，无数优秀共产党人为了祖国和人民前赴后继、无私奉献、奋勇拼搏，创造了可歌可泣的伟业。焦裕禄是社会主义建设时期涌现的党的优秀领导干部楷模，是无数优秀共产党人的杰出代表，他以有限的生命创造了不平凡的业绩。焦裕禄的先进事迹，鲜明昭示了我们党的性质和宗旨，展示了共产党人的为民情怀和高尚情操，生动彰显了新时期共产党人的政治品格和先锋形象，也以实际行动对社会主义核心价值观作了最具说服力和感召力的诠释。

2. 不朽的丰碑

焦裕禄的一生虽然短暂，但他却以自己的实际行动，带领群众战胜灾荒、摆脱贫困，彰显了共产党人的高尚品格，铸就了共产党人的精神丰碑。为人民而死，虽死犹荣。在他身上，人们看到了一个“心里装着全体人民、唯独没有他自己”的公仆形象，一种“敢教日月换新天”的英雄气概，一种“任何时候都不搞特殊化”的思想境界……

在培育和践行社会主义核心价值观的过程中，每一个党员干部都应该把焦裕禄精神作为一面镜子来好好照一照自己，努力做焦裕禄式的好党员、好干部。

3. 前进的标杆

伟大的目标需要旗帜引领，崇高的事业需要榜样带动。旗帜是最好的召唤，榜样是最好的示范。焦裕禄精神就是一面旗帜，它感召了一群人、教育了一代人，更激励着亿万中华儿女不忘初心、拼搏进取，在践行社会主义核心价值观的征程中，党员干部要以焦裕禄为榜样，大力弘扬焦裕禄精神，不断增强政治意识、大局意识、核心意识、看齐意识，严于律己、清正廉洁，在生产、工作、学习和社会生活中充分发挥先锋模范作用，自觉培养高尚道德情操，敢于担当、积极作为，做积极践行社会主义核心价值观的排头兵。

（二）社会层面的鲜活教材

1. 社会主义核心价值观教育的良好教材

社会主义核心价值观是社会发展进步的灵魂，培育社会主义核心价值观，有利于进一步明确中国特色社会主义的前进方向，为社会长远、和谐发展提供根本遵循和价值依托。焦裕禄精神是全党的宝贵精神财富，是新时期进行社会主义核心价值观教育的良好教材。焦裕禄精神是伟大的民族精神和时代精神的集中体现，不仅对加快社会主义建设有重要引领和推动作用，而且对全面深化改革同样具有引领和推动作用。当前，我国的改革正处于攻坚期和深水区，迫切需要将学习焦裕禄精神和践行社会主义核心价值观融为一体，凝魂聚气、强基固本，夯实中国特色社会主义的思想道德基础，找到全体社会成员在价值认同上的最大公约数，最广泛地形成价值共识，凝聚成团结奋斗的强大精神力量。

2. 中华民族伟大复兴中国梦的精神动力

焦裕禄精神是实现中华民族伟大复兴中国梦的精神动力。实现中国梦的壮阔征程已经开启,以什么样的精气神爬坡过坎、克难奋进,以什么样的价值观引领社会思潮,凝聚共识,描绘中国梦的美丽篇章,关系到梦想的顺利实现。中华民族从来没有像今天这样如此接近实现民族复兴的目标。越是接近目标,越要大力弘扬中国精神、凝聚中国力量。学习弘扬焦裕禄精神,就是要学习他的奋斗精神和赤子情怀,为推进中国特色社会主义事业、实现中华民族伟大复兴的中国梦提供强大精神力量。

(三)公民层面的行为示范

焦裕禄精神诞生于中国共产党领导中国人民探索社会主义建设道路的伟大实践,是社会主义核心价值观历史性构成的精神和价值范本,是培育践行社会主义核心价值观的现实载体和表现形态,同时也是培育践行社会主义核心价值观的有力抓手和最好典型。

1. 精神范本

从时间来看,焦裕禄精神形成于20世纪60年代,社会主义核心价值观则是在2012年党的十八大报告中的最新概括,似乎在时间上存在顺序错位、难以对接,但在核心内容和根本要求上却是高度吻合的。中国共产党人近百年一路走来的精神求索和文化自觉,汇聚成了引领当今中国特色社会主义事业不断前进的伟大时代精神——社会主义核心价值观。而焦裕禄精神则是社会主义核心价值观在共产党人身上的最集中的体现,是社会主义核心价值观教育中最重要的范本和参照。焦裕禄精神突出代表着党员干部领导社会主义实践中所秉持的精神信仰、所采取的人生态度、所遵循的价值原则、所践行的优良作风。而这些正是培育践行社会主义核心价值观最不可或缺的学习载体。

2. 实践范本

没有先进文化的积极引领,没有人民精神世界的极大丰富,没有民族精神力量的不断增强,一个国家、一个民族不可能屹立于世界民族之林。虽然焦裕禄生活的那个年代已经过去,但正如习近平总书记所说,焦裕禄精神是永恒的,它跨越时空、历久弥新,永远鼓舞着党员干部攻坚克难、砥砺前行。核心价值观的生命力在于实践,它需要以实践要求为动力。以焦裕禄同志为榜样,学习焦裕禄精神,有助于党员干部将社会主义核心价值观的丰富内容和思想精髓转化为鲜活的生活实践,做到学而信、学而用、学而行。

3. 时代范本

焦裕禄精神深刻展示了以爱国主义为核心的民族精神和以改革创新为核心的时代精神,是社会主义核心价值观在共产党人行动上的具体体现。焦裕禄同志是社会主义建设初期涌现的党的优秀领导干部楷模,他把个人的价值目标融入为人民服务的奋斗之中,尽心竭力地工作,以自己的艰苦奋斗和无私奉献创造经得起历史、人民和实践检验的业绩,为今天我们践行社会主义核心价值观树立了一个时代标杆。

第四章

焦裕禄精神与家风建设

家风文化是中国传统文化中的灿烂瑰宝,集中展现了一个家族世代传承下来的精神风貌、理想信念、道德品质、家庭关系等家庭风格。焦裕禄的家风实际上也是焦裕禄精神在家庭生活层面的延伸,是焦裕禄精神的具体体现。

党的十八大以后,习近平总书记曾多次在不同的场合强调家风的重要性,将家风建设提升到治国理政的高度。2014 年 3 月,习近平总书记重访兰考,接见了焦裕禄的子女。当时,焦裕禄的二女儿焦守云以焦家"代言人"的身份向总书记承诺:"我们一定继承好父亲的精神,把家教家风一代代地保持传承下去。"

一、焦裕禄家风的内容

焦裕禄的家风就是焦裕禄本人以其言传身教为其家人所树立的一种风尚,这种风尚是焦裕禄为其家庭培育形成的一种文化和道德氛围,是焦家家庭伦理和家庭美德的集中体现。家风本身看不见、摸不着,但是风气一旦形成,就会产生潜移默化的影响。焦家的家风,总结起来主要有三条:第一条是一定要热爱劳动,不能不劳而获,自己的事情自己做;第二条就是从小要艰苦朴素,不能跟别人比吃比穿,要比就比学习,比进步;第三条也就是最关键的一条,领导干部的家属不能搞特殊化。

(一)热爱劳动,不能不劳而获

焦裕禄家风的第一条是一定要热爱劳动,不能不劳而获。热爱劳动是焦家比较接地气的一条家风。马克思主义认为劳动是人类的本质活动。中华民族向来是勤于劳动、善于创造的民族。《左传》中说“民生在勤,勤则不匮”,意思就是说人生在世,只有勤劳,物资才不会匮乏。作为耕地为生的农民子弟,焦裕禄传承了中华民族热爱劳动的传统美德,从一名普通的劳动者到县委领导干部,他始终保持着劳动人民的本色。在日常生活中,为了让孩子们养成热爱劳动的良好品德,焦裕禄在几个孩子很小的时候就教他们铺床、扫地、倒垃圾,甚至一有工夫就会带着他们去劳动,参加小秋收,拾麦穗,然后将拾到的麦穗都颗粒归仓。

焦裕禄还经常告诫几个孩子要尊重别人的劳动成果,不能不劳

焦裕禄的二女儿焦守云在农村帮助农民伯伯劳动（兰考焦裕禄同志纪念馆供图）

而获。兰考县委机关大院北面有个池塘，在焦裕禄的建议下，城关公社将之打造成鱼塘。后来，渔场的工作人员为了感谢焦裕禄，就用水桶装了 10 多条活鱼送到了他家里。孩子们看到鱼非常开心，都闹着要吃鱼。焦裕禄回家看到鱼之后，向妻子徐俊雅问清楚情况，耐心地跟孩子们解释说："鱼塘是集体的，这些鱼是叔叔们辛勤劳动养大的，咱们没有劳动，不能要，想吃鱼明天赶集去买。"①一席话使孩子明白了道理，焦裕禄的大儿子焦国庆当即将鱼送回了渔场。

为了不让孩子从小养成好逸恶劳、好吃懒做的习惯，时刻保持劳动人民的本色，他亲自将大女儿焦守凤送到条件非常艰苦的县食品加工厂，让她补上劳动这堂课。1963 年，焦守凤初中毕业，没有考上

① 周长安等编著：《焦裕禄在兰考的 475 天》，中州古籍出版社 2014 年版，第 136 页。

高中,一直在家待着,比较苦闷,不愿出门。焦裕禄的妻子徐俊雅就跟焦裕禄说:“咱们亲戚的孩子你没安排一个,自己小孩的事你总不能不管吧。”焦裕禄说:“这好办,可以叫她下农村锻炼,也可以学理发,还可以去打扫厕所。”焦守凤听了非常生气,徐俊雅也不开心。实际上,当时兰考县工商局、教育局、邮局都要给焦守凤介绍工作,但是焦裕禄却坚决不同意。他说:“一出学校门就想坐办公室,不行,年轻人应干点脏活、累活,找个体力劳动比较重的职业去锻炼,不劳动就会忘本。”①最后,让焦守凤到县食品加工厂上班。

焦裕禄教育孩子多参加劳动,要求女儿去条件艰苦的工作岗位上接受锻炼,就是希望通过锻炼激发孩子内在的潜力,让他们自觉接受生活的考验。所以,好的家风怎么去体现?就是通过家长的教育,通过日常生活的点点滴滴,帮助孩子树立正确的世界观、人生观、价值观。家长要做的不是给子女安排一个踏踏实实、舒舒服服的环境,不是规划好他们的人生道路,而是让他们自己去自力更生。春风化雨,润物于无形,这个影响是很深远的,以至于在焦裕禄去世多年以后,焦家的子孙们仍然在各自的工作岗位上兢兢业业、任劳任怨。

(二)艰苦朴素,不比吃穿比进步

焦裕禄家风的第二条是艰苦朴素,不比吃穿比进步。在党的七届二中全会上,毛泽东提出“两个务必”:务必使同志们继续地保持谦虚、谨慎、不骄、不躁的作风,务必使同志们继续地保持艰苦奋斗的作风。焦裕禄是学习实践毛泽东思想的好榜样,他用自己的实际行

---

① 化汉三:《难以忘却的怀念——焦裕禄回忆录》,河南大学出版社1992年版,第352页。

动,切实践行了毛泽东提出的“两个务必”的作风。在工作和生活中,焦裕禄几乎把艰苦朴素的作风发挥到了淋漓尽致。他生活简朴、办事勤俭,用过的一床被子上有 42 个补丁,褥子上有 36 个补丁,衣帽鞋袜也都是缝了又缝,补了又补,虽然破旧得厉害,他也舍不得换掉。当时,有同志提议给焦裕禄换新的办公桌椅,他却说:“一个共产党员整天想的是穿戴吃喝,不讲革命工作,那怎能行呢?朴素的土气,就是革命的正气。”

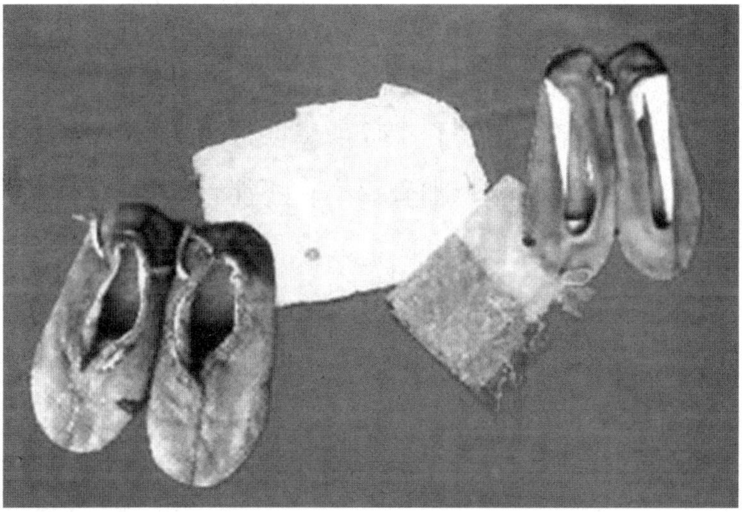

焦裕禄生前穿过的鞋袜(兰考焦裕禄同志纪念馆供图)

焦裕禄的几个孩子也都是穿着补丁衣服长大的。焦守凤在《我的爸爸焦裕禄》一文中提到,在上学期间,焦裕禄除了给她伙食费,几乎不给她一点零花钱。1963 年,焦守凤已经是初中三年级的学生了,却还穿着 9 岁上小学的时候家里给她做的一件花布大衣。刚做的时候长得拖到了脚跟,一直穿到初三,就只够半腰了,那上面已经有了很多补丁。在学校,有个同学问焦守凤:“你爸爸还是县委书记哩,也不给你做件新衣裳!”春节放假,她就找焦裕禄要求说:“人家都说你是县委书记哩，还叫我穿这件破大衣，你也不怕丢人?”焦裕禄笑了笑，指着他身上的那个补丁衣服对女儿说：“你看我这县委书记穿的是啥衣服？这丢啥人!”焦裕禄看女儿低下头不吭声，就进一步开导她：“你知道啥是丢人？好吃懒做、贪图享受，才是真正丢人呢。”焦守凤嘟囔说：“你光叫我穿烂衣服，也不给个零花钱……”焦裕禄教育她说：“艰苦朴素，你应该感到光荣才对。要比，得跟贫下中农比。书记的女儿不能高人一等，在学校要尊重老师，团结同学，在街上对群众要有礼貌。只能带头艰苦，不能有任何特殊。再说你现在穿得并不坏，冬有棉，夏有单。虽然破一点，也没有露出肉来，比我小时候穿的好多了。”听了焦裕禄的话，焦守凤就把那件大衣改成了小棉袄。后来袄袖破得实在不能穿了，她又换了两个袖子继续穿。①

焦裕禄还教育孩子节约粮食。有一天，5 岁的儿子焦跃进拿着一块黑色的豆面馍，吃了两口嫌不好吃就扔了。焦裕禄弯腰从地上拾起来，吹了吹土，放煤火台上烤起来。焦裕禄问孩子们：“这馍好不好吃?”焦跃进抢着说：“不好吃。”焦裕禄则用责备的目光看着焦跃进说：“我看这馍好吃，我小时候连糠窝窝都吃不上。今年兰考遭大灾，这馍是政府从几千里外运来的粮食做的，你们怎能这样糟蹋?”焦裕禄又把焦跃进叫到身边，问他在幼儿园里会不会唱《我是一粒米》，他天真地唱了起来。唱完后，焦裕禄问焦跃进：“咱的馍是啥做的?”焦跃进说：“面做的呗。”又问，面是啥做的？焦跃进回答，面是粮食做的。又问，粮食是哪儿来的？面是哪儿来的？焦跃进说，粮食是农民伯伯种的，面是工人叔叔磨的。接着焦裕禄就跟焦跃进

---

① 赵瑜：《焦裕禄家风》，河南文艺出版社 2018 年版，第 134 页。

讲农民伯伯种粮食怎么种、怎么收，工人叔叔怎么磨成面，妈妈又做成馍等细节，最后问焦跃进："你把馍扔了应不应该？"这时焦跃进低下了头。焦裕禄说："你把馍吃了好不好？"焦跃进拿起炉台上的馍说："今后再也不扔馍了。"紧接着，焦裕禄又将自己小时候的经历告诉几个孩子。焦裕禄说，他小的时候，别说豆面馍，就是野菜都吃不饱。想吃饭只能去煤窑里当苦工，一天要做十几个小时的活儿，就只能挣一斤橡子面。橡子面是橡子树果子研磨的粉，味道很苦，吃到肚子里，不但不顶饿，还烧心，但那时候没粮食吃，就只能吃橡子面充饥。几个孩子听了才知道原来父亲小时候连吃都吃不饱。从那以后，孩子们都知道爱惜粮食了。①

家庭是人生的第一个课堂，父母是孩子的第一任老师。孩子在家庭里面长大，父母是他第一个模仿、学习的对象。在父母与孩子之间，有差异，但是也有很多相同的地方，比如思考问题的方式，处理问题的方法，解决问题的思路，甚至言谈举止表现出来的气质都有大量相同的地方，这就是潜移默化，是长期共同生活的过程中一点一滴积累形成的。所以，习近平总书记说，广大家庭都要重言传、重身教，教知识、育品德，身体力行、耳濡目染，帮助孩子扣好人生的第一粒扣子，迈好人生的第一个台阶。

焦裕禄教育孩子很重视言传身教，循循善诱，从每一个看似微不足道的小事上引导孩子养成艰苦朴素、勤俭节约的习惯。比如孩子们平时用的笔记本，如果需要换的话，必须经过焦裕禄检查，正面和反面都写完了，没有地方可以写了，他才会给换。还有孩子们用的铅

---

① 化汉三：《难以忘却的怀念——焦裕禄回忆录》，河南大学出版社 1992 年版，第 353 页。

笔，一直用到成为铅笔头，拿不住了，焦裕禄就做一个铁皮的小圆筒，套在铅笔上，直到把它用到最后，再也不能用了为止。焦国庆在洛阳上小学的时候，看见别的同学都有铅笔盒，也向焦裕禄提出要求。焦裕禄说："明天我给你做一个，比买的都好。"第二天晚上，焦裕禄借了一把锯子、一把小刀，找到了一块薄木板，给他做了个非常精致的铅笔盒，还用花纸剪了"好好学习，热爱劳动"八个字贴在上面。①

实际上，中国自古以来都讲求勤俭持家。诸葛亮在《诫子书》中说道："静以修身，俭以养德"；《朱子家训》说："一粥一饭，当思来之不易；半丝半缕，恒念物力维艰"；晚清名臣曾国藩也曾留下 16 字治家格言："家俭则兴，人勤则健。能勤能俭，永不贫贱。"勤俭持家带给后人的不单单是前辈积累的物质财富，更是持家守家的精神宝藏。相比于当年物资匮乏的时代，今天很少有人会为了一支铅笔、一个文具盒"计较"，但这些举动背后的精神内核并没有过时。

（三）领导干部的家属不搞特殊化

焦裕禄家风的第三条是家属不能搞特殊化。习近平总书记在兰考调研时就号召所有党员干部，要特别学习焦裕禄艰苦朴素、廉洁奉公、"任何时候都不搞特殊化"的道德情操。"任何时候都不搞特殊化"，是焦裕禄作为领导干部一心为公、恪尽职守、廉洁自律的真实写照，也是他教育家人、子女的精神信条。

徐俊雅的哥嫂想让焦裕禄给他们的儿子徐新太在兰考县委谋个通信员的工作。因为徐新太有文化，不仅写得一手好字，而且打得一手好算盘。徐俊雅知道焦裕禄的脾气，一直不敢向焦裕禄提起，直到

---

① 赵瑜：《焦裕禄家风》，河南文艺出版社 2018 年版，第 156—157 页。

哥嫂催得急了,她才找了一个机会委婉地向焦裕禄说起此事。焦裕禄不等徐俊雅说完,就回绝了,焦裕禄说:我是县委书记,不能违反国家政策随便用人。现在农业上需要知识青年,叫他在那个广阔的天地里好好干吧!① 焦裕禄不仅要求亲戚不能搞特殊化,而且自己的孩子也不能搞特殊化。12 岁的焦国庆去戏院看戏,人家说不买票不让进,他没办法,检票的人就问他:“你是谁家的孩子,叫什么?”他说:“焦书记是我爸,我叫焦国庆。”售票员一听就放他进去了。晚上回家,焦裕禄知道以后,训了焦国庆一顿,让他写检查认错,第二天一早就让焦国庆到戏院把那两毛钱的门票补上了。而且他还专门召开了兰考县干部大会,针对孩子看戏不买票,打着他的旗号搞特权的事情,向全县的党员干部做检讨。

焦家一家人的合影(焦守云供图)

① 赵瑜:《焦裕禄家风》,河南文艺出版社 2018 年版,第 131 页。

可以说，在焦裕禄的一生中工作是主角，家庭是配角，焦裕禄不会因为家庭生活牺牲自己的原则，对别人是什么标准，对自己家人也是一样的标准。焦裕禄也是这样严格要求徐俊雅的。比如看《参考消息》这件事，按照行政级别来说，焦裕禄可以看，而徐俊雅的文化水平比他高，家庭条件也比他好，但是因为徐俊雅的级别达不到，焦裕禄每次看完《参考消息》就放到柜子里，不让徐俊雅看，焦裕禄说这是规矩，不能搞特殊化。①

焦裕禄从不高谈阔论，不做不实之事，都是从日常小事出发，去劝导妻子，教育儿女。今天习近平总书记提倡学习焦裕禄的家风，一方面是因为它有可学习性。焦裕禄作为一个基层领导干部，对于广大的党员干部来说就像是一面旗帜，这面旗帜立在那里，就是一个鲜明的参照物，让党员干部知道自己做得怎么样。另一方面是因为焦裕禄作为一个父亲，也是一个普通人，他的家风故事告诉我们要树立好的家风，就要从自己身边小事出发，做好自己，管好身边人，让好家风传承下去。

二、焦裕禄家风的形成与传承

文化是有传承性的，习近平总书记说："一个不记得来路的民族，是没有出路的民族。"我们是从历史中走来，向未来走去的。否认了历史，必然迷失前进的方向。研究焦裕禄的家风也是如此，要从焦裕禄的父辈影响和无产阶级的红色家风传统着手去厘清其形

① 焦守云：《我的父亲焦裕禄》，人民日报出版社2016年版，第224页。

成脉络。

（一）焦裕禄家风的形成

1. 父辈的熏陶

中国人自古以来就重视家庭，重视人伦情感，这不仅是中国文化的突出特点之一，同时也是中国文化对人类文明的突出贡献之一。对于在传统家庭中长大的焦裕禄来说，家庭的烙印伴随着他的一生。焦裕禄从其爷爷和母亲身上学到的优秀品质，对其个人品格和治家理念都有十分重要的影响。

焦裕禄的爷爷焦念礼是位勤劳、质朴、正直的山东汉子。虽然没有文化，但是却饱经了人世的沧桑、世态的炎凉。焦念礼很清楚良好的品格德行对一个人的重要性，所以非常注重言传身教，空闲时就抱着年幼的焦裕禄，给他讲一些仁人志士发奋学习、吃苦耐劳的故事，希望自己的孙子焦裕禄长大后能够成长为一个对百姓有益、对国家有用的人。小时候，爷爷经常带着焦裕禄上山砍柴，下地干活儿，并教导他穷苦人的孩子从小要学会吃苦。焦念礼所讲的故事，就像一条小溪涌出的潺潺清水，一直在浇灌着焦裕禄幼小的心灵。

焦裕禄长到 8 岁的时候，家里生活条件很差，但母亲李星英坚持要送焦裕禄去学校读书。焦裕禄的父亲焦方田因为不识字，被村里的财主欺骗压榨，满腔冤屈，无处可诉，他不希望自己的孩子也目不识丁。爷爷焦念礼对焦裕禄说："禄子，如今这年头私凭文约官凭印，官府财主全凭一纸空文，无中生有，害得咱穷人家苦大仇深。因不通文墨，家里还了不少冤枉债。就拿去年说吧，财主伪造账本，我只得重还了一次账。禄子，你到学校后可要下劲读书，长长咱穷苦人的志气。"①

焦裕禄能够如此有担当，还得益于他有一位伟大的母亲。焦裕禄的母亲李星英在经受丈夫自杀、大儿子下落不明、小儿子被抓、公爹死亡等一系列灾难的打击下，依然很坚强，不向命运屈服。在儒家文化濡染下的山东妇女虽然受"三从四德"的影响，很内敛，很保守，但也有其独特的地方：既朴实忠厚，又坚强有担当。焦裕禄的母亲就是这种典型的女性形象。李星英有两个非常明显的特点：一是她从来不大声说话，二是她从来不说别人不好。干什么事她都会替别人着想。李星英这种优秀的品格，对于焦裕禄做事做官，无疑有着非常重要的影响。

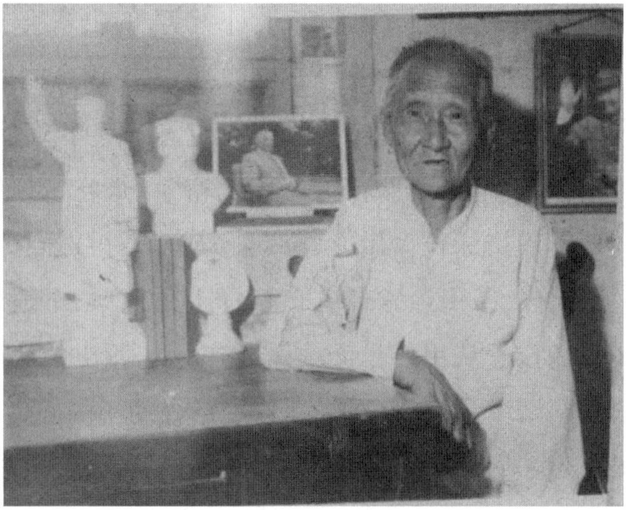

焦裕禄的母亲李星英(焦守云供图)

当年，焦裕禄的父亲不堪忍受被逼债而自杀，焦裕禄的哥哥在外杳无音信，而焦裕禄又在父亲未殡之时被日本兵抓走，按照当时博山

① 焦裕禄干部学院：《信仰的力量——焦裕禄的青少年时代》，人民出版社2019年版，第17页。

的习俗，长子顶包打瓦，家人亲友随灵哭送，到门外停灵祭奠。然而焦裕禄家里已经没有了男人，焦家主事的族长说规矩不能破，既然焦裕禄和他的哥哥焦裕生回不来，那就从族里找个人替他们当孝子。当时的规矩是当了孝子的人将来是要继承焦裕禄家的财产的。焦裕禄的母亲想着家里正是诸事不顺的时候，族里人不帮忙，还想着敲竹杠，就拒绝了族长的提议，自己披麻戴孝，代替儿子给焦方田送终。正是李星英这种坚忍、乐观的个性影响着焦裕禄，使他在面临问题时总能从积极的一面考虑，生活的苦难与挫折没有压垮焦裕禄的意志。相反，焦裕禄把苦难变成对个人成长的磨炼，始终保持对生活的热情。

2. 无产阶级红色家风的影响

无产阶级红色家风是老一辈无产阶级革命家和优秀共产党人在长期革命实践、社会主义建设和改革开放历史进程中形成的家庭风尚，概括起来就是爱党爱国、忠于理想、克勤克俭、廉洁奉公、律己修身，不搞特殊化。从这个角度来看，焦裕禄的家风实际上是无产阶级红色家风的一部分，是对老一辈无产阶级革命家家风的继承和发扬。

中国共产党继承了中国古代“家国同构”的观念，还在否定古代皇权政治“家天下”的基础上，把为人民服务作为立党立国的宗旨。在家风问题上，共产党人不仅深谙家风连着民风、齐家才能治国的道理，而且深知共产党人的家风如何关系到国家治理能否有效，执政基础能否牢固，甚至关系到国家的兴衰存亡。身为中国共产党的创始成员之一，毛泽东自觉将马克思主义思想和家庭建设相结合。他时刻强调党员干部要有坚定的共产主义信仰，以一个马克思主义者该有的立场和态度严格要求自己和亲人，牢固树立为人民服务的价值取向。毛泽东对子女品格修为的要求非常高。他教育子女要以一个普通人的身份看待自己，用一个普通人的眼光对待他人。1946 年 1

月，毛岸英从苏联回到延安。父子俩相别19年，毛泽东让他做的第一件事就是脱下洋装，换上布衣，到陕北贫瘠的乡村当农民，拜农民为师。一开始，毛岸英是和毛泽东住在一起的，没过多久，毛泽东就让他搬到中央机关去住。毛泽东还问毛岸英："你吃什么灶?"毛岸英如实地回答："中灶。"毛泽东一听便生气地责问道："你有什么资格吃中灶？你应该跟战士一起吃大灶。"毛泽东如此"苛刻"，就是让他明白自己就是一个普通人，不能搞特殊化。毛泽东始终把国家和人民摆在最高位置，不仅以党员标准严格要求自己，而且将党性作为齐家原则，教育家人要培养党性、坚守党性、发扬党性，做"一个有益于人民的人"。从这个角度来说，毛泽东的家风也是马克思主义中国化的重要产物之一，是马克思主义在家庭生活层面的一个反映。

其实不只是毛泽东，以马克思主义为指导的无产阶级革命家们大多怀有"革命理想大过天"的坚定信念，并将自己的革命理想与修身齐家的实践联系起来。刘少奇的家训是"慈严相济，自立自强，公正为民；忠诚担当，清廉刚正，以身作则"，不仅体现了对个人品格修养的要求，更体现了无产阶级革命家对人民负责、以天下为己任的担当。周恩来给家人定了十条家规，其中就有"不谋私利，不搞特殊化"。习仲勋也要求家人要勤俭节约，不搞特殊化，以工作为重，廉洁奉公。老一辈革命家们在齐家治国的实践中，不仅自己为党为国为民任劳任怨、尽忠职守，而且将子女教育、家风建设与报国为民的崇高目标紧密联系起来。

焦裕禄是从革命年代走过来的，这些老一辈无产阶级革命家的红色家风对焦裕禄影响很深。作为一名优秀共产党人，焦裕禄清正廉洁、以身作则，教育家属子女热爱劳动、艰苦朴素、不比吃穿比进步、不搞特殊化的家风，充分体现了无产阶级的家风传统。他的家风是社会主义建设年代基层领导干部家风的典型代表。在生活和工作中，焦裕禄非常重视对马克思主义的学习，尤其注意对毛泽东思想的学习，他去世之前还在看《毛泽东选集》和《论共产党员的修养》。

焦裕禄是亲身经历过革命斗争和新中国建设实践的，他对毛泽东思想的认识自然是非常深刻的。他去世前将《毛泽东选集》送给女儿焦守凤，对她说毛主席会教她怎么做人、怎么工作、怎么生活。像毛泽东、刘少奇、周恩来、习仲勋等老一辈无产阶级革命家们一样，焦裕禄从讲政治的高度看待家庭生活，将党性作为治家的原则，自觉站在无产阶级的立场上教育家人，严于治家。比如，焦裕禄不让妻子徐俊雅看《参考消息》这件事，为什么不让看？党规定的，就要守规矩。所以，焦裕禄的家风，也是马克思主义世界观、方法论和价值观在家庭生活中的体现，蕴涵着无产阶级的鲜明本色。

（二）焦裕禄家风的传承

1. 妻子的坚守

焦裕禄临终前，再三嘱咐徐俊雅："这么多孩子，还有两个70多岁的老母亲，千斤重担，全压在你一个人身上了。你辛苦一点，要教育好孩子，多叫他们参加劳动……生活上艰辛一点，不要随便向组织上提要求。"①1964年5月，焦裕禄去世的时候42岁，徐俊雅才33岁，上有老下有小，一家九口就靠她一人勉强支撑。在焦裕禄的影响下，徐俊雅对子女也是严加管教。她对几个子女是这样说的："你们做不好，别人只说这是焦裕禄的孩子，而不说是徐俊雅的孩子。"②意

---

① 焦守云：《我的父亲焦裕禄》，人民日报出版社2016年版，第223页。
② 焦守云：《我的父亲焦裕禄》，人民日报出版社2016年版，第229页。

思就是说焦裕禄的家人，这个称呼，你们几个做儿女的得当得起。

20 世纪 90 年代，兰考刚流行装电话机的时候，在乡里工作的儿子焦跃进也兴冲冲地打算在家中安一个电话机。这个想法遭到母亲徐俊雅的坚决反对，她问焦跃进："你装个电话，是不是打算在家遥控办公呢？一乡之长你不跟群众同劳动，怎么了解群众的想法和困难？"在徐俊雅看来，当年焦裕禄用一双铁脚板和一辆自行车走遍了兰考的乡村，焦跃进作为一乡之长更应该如此。怎么去了解群众？焦裕禄说蹲下去才能看见蚂蚁，就是要实地去调查研究，去跟群众同劳动。

焦裕禄与妻子徐俊雅在大连时的合影(焦守云供图)

2. 子孙的传承

焦家子女严格遵守母亲的遗嘱，严格坚守焦家家风，焦裕禄的大女儿焦守凤是焦家家风的坚守者和传承者。工作之后，焦守凤也慢慢理解了焦裕禄。她以前对父亲的苛刻要求很困惑，凭什么焦裕禄的女儿就要比别人能吃苦呢？后来她处处吃苦，有时候还被别人比较，说她是焦裕禄的女儿，就应该这样吃苦。面对单位两次分房子，她都态度鲜明地拒绝说，晚上回来能有张床睡觉，那就是好的，不要求多高的条件。焦守凤家里的条件在几个兄弟姐妹中最困难。在最困难的时候，焦守凤夫妇、大儿子儿媳，以及女儿和外孙，一家近 10 口人挤在两间平房里。焦守凤一辈子严格要求自己和家人，女儿冯晓红下岗了，她想让母亲跟组织上说说困难，哪怕帮她解决一个临时工也行，焦守凤觉得不应利用焦裕禄的影响为自己谋福利，就将父亲当年对自己的要求告诉女儿：自己的路要自己走。多年以来，过得再苦再难，焦守凤也从来没有跟政府要求过帮助和救济，就连对兄弟姐妹也从不轻易张口。她说道，有困难找政府要求帮助，在焦家没有这样的风气。

焦守凤在读《毛泽东著作选读》（兰考焦裕禄同志纪念馆供图）

焦国庆是焦裕禄的长子。1968 年,17 岁的焦国庆和妹妹焦守云同一天走入军营。焦守云去了温暖的广州,而焦国庆被分配到沈阳军区某部的“董存瑞班”,在山沟里从事了 4 年的农村劳动。他在部队 21 年,当过董存瑞生前所在班的班长、所在连的连长,后来当了副营长、营长,被评为军区优秀共产党员,转业后回开封市地税部门工作,退休前任开封市地税局票务管理局局长。“工作上向先进看齐,生活条件跟差的比。”这是作为长子的焦国庆从父亲那里受到最多的教导。这句教导,影响了他一生。焦国庆说:“虽然父亲去世50 多年了,但父亲对子女那爱中有严、严中有爱的深沉之爱一直潜移默化地影响着我。”

二女儿焦守云是焦家的“代言人”,她也在用自己的实际行动继承和弘扬着焦家家风。1971 年,18 岁的焦守云加入了共产党。当时焦守云考上了部队上的护士学校。从护士学校回到医院,她积极要求到传染科工作。因为传染科工作性质危险,大家都不愿意去,她想到父亲对她说过的话——“不要怕吃苦”。所以,她毅然决然地选择到比较艰苦的岗位工作。1978 年,焦守云转业到了郑州科技情报研究所,一直在这里工作到退休。日子过得再艰难,她也没有向组织上伸过手。几十年来,焦守云致力于宣传焦裕禄精神,无论是作报告,还是特别策划音乐电视《焦裕禄之歌》,她都把宣传父亲的事迹当成自己的责任和自己工作的一部分。建设祖国需要焦裕禄精神,构建和谐社会需要焦裕禄精神,在北京成功举办奥运会也需要焦裕禄精神,焦守云说焦裕禄精神无处不在,要让焦裕禄精神世代相传。

焦裕禄的二儿子焦跃进最为人所称道的事情发生在 2000 年。那年的 11 月 8 日,身为河南省杞县县长的焦跃进突然出现在北京最繁华的王府井大街,他手举大蒜,高声叫卖,惊动了各家媒体,也惊动

焦裕禄的二女儿焦守云(焦裕禄干部学院供图)

了京城及全国各地的大小客商。焦裕禄的儿子在京城卖大蒜的事,在社会上引起了强烈的反响。杞县大蒜因为焦跃进进京闯市场而名扬全国,焦跃进也因此被群众誉为“大蒜县长”。从那以后,杞县大蒜不仅销路打开了,而且卖到了日本、韩国、俄罗斯等多个国家。在一次采访中,他说:“我感到父亲那慈爱的目光始终都在注视着我,这种目光给我动力,也给我压力。这种压力,既是财富,也是鞭策。我必须严格要求自己,绝不给他老人家脸上抹黑。多少年来,无论在什么工作岗位上,父亲的革命精神,始终激励我奋发图强,努力工作,丝毫不敢懈怠。”①

三女儿焦守军继承了父亲的遗志,成了一名优秀的人民战士。她入伍30多年,参加了1979年的对越自卫反击战和1984年的两山战役,分别荣立个人和集体三等功。焦守军在1972年高中毕业以后

① 赵瑜:《焦裕禄家风》,河南文艺出版社2018年版,第191页。

就直接报名当了兵，因为训练时能吃苦，表现优秀，领导准备将她安排在军区的门诊部，这对于很多新兵是求之不得的好岗位。可是，焦守军时刻牢记着母亲的教导，拒绝了领导的特殊照顾。入伍头一年，焦守军专挑苦活儿累活儿干。当她得知团里农场放牛缺少人手，就主动报名要求到农场干活儿。多干活儿是她在幼年时被父亲批评后便养成的习惯。多干活儿总是不会太吃亏，这也是她做人的原则。父母对子女的影响是很深远的。在一次采访中，焦守军说："现在宣传焦裕禄精神，可能是人民的呼唤吧！呼唤他的精神回来，希望出现更多的像父亲那样的领导。如果能通过我们的表现，影响更多的人，我们不一定能扭转什么，不一定能够感染人家，但我们做好我们自己，人人都做好自己不就对了吗？"

焦裕禄的三儿子焦保刚初中毕业后便走上了工作岗位，经过基层锻炼，长期在公安战线上工作，被人们称为"公安战线上的一块好钢"。2013 年，焦保刚因病去世。焦保刚是家中最小的孩子，当接受记者采访时，他说："父亲去世时，我才三岁多，一点印象也没有了，作为焦裕禄的儿子，我感到很光荣，但我从不在人前提我是焦裕禄的儿子。因为父亲是一切为人民，忘我地工作，才在全国人民心中留下了崇高的形象。我担心自己干不好，怕给父亲脸上抹黑；另外父亲的形象是靠自己干出来的，所以我也应该像他那样，靠自己实干，不能借他的光去图名图利。"[①]据徐俊雅回忆："他有时外出执行任务，十天半月也见不到人影，总要牵挂他。有次，他一进门就说要吃饭，等下好了面条，他却躺在床上睡着了，连鞋子都没脱。望着他疲惫的样儿，我突然想起了躺在病床上的老焦，因为没日没夜地干，累得瘦了

---

① 赵瑜：《焦裕禄家风》，河南文艺出版社 2018 年版，第 198 页。

儿圈,喘口气,又拄着拐杖冲入了黑夜里的情景。”从徐俊雅的话中,可以看出,焦保刚虽然年龄比较小,对父亲的印象不深,但是他却时刻受到焦裕禄家风的影响,身体力行,传承着焦裕禄家风。

据《我的父亲焦裕禄》一书记载:焦家的第三代10个孩子有一半打工或待业,谁也没搞特殊化。老大焦守凤有三个子女,大儿子很早就去世了,剩余的一子一女在开封市从事普通工作,儿子和女儿都曾下岗待业多年。老二焦国庆只有一个女儿焦楠,在开封市某区审计局工作。老三焦守云的儿子余音毕业于中央音乐学院,现为中国歌剧舞剧团副团长。他也开始像母亲焦守云一样,扛起了弘扬焦裕禄精神的担子,不同的是他用音乐剧的形式将外公的故事搬上了舞台。作为焦裕禄的外孙,他是如何理解焦裕禄的?余音这样说道:“不是说今天学习焦裕禄就要穿着补丁衣服,不是一定要带病工作把自己累死。我个人认为,其实焦裕禄精神反映在现代普通人身上特别简单,就是要做一个好人,要做好事。”老四焦守军有一个儿子,大学毕业后在深圳工作。老五焦跃进有两个女儿,大学毕业后,一个在北京工作,一个在上海打工。老六焦保刚有一儿一女,儿子焦威在郑州市公安局工作,女儿焦力在部队当兵,2017年调去驻港部队,在一个合成旅仪仗排当排长。焦力说:“我的家风我没有忘,我的初心也没有改,接力棒已经到了我们这一辈手里,我们一定要握紧接力棒,沿着前辈的路一直走下去。”

2014年5月14日,也就是焦裕禄去世50周年纪念日的时候,焦守云写了一封家书告诉父亲他们这些子女的生活状况:“您的六个孩子,如今最小的也人到中年了。过了不惑之年的我们,同样也是食人间烟火的普通人。像其他人一样,我们也面临着‘票子’‘房子’‘孩子’等种种生活中的难题。家中一样有人下岗,有人待业。虽然也有人当上了‘七品’县官，但大多数都在普通的工作岗位上踏踏实实地工作着。生活中的我们无论过得好与不好，我们都记住您的教诲，靠自己的本事生活。我们姊妹6人都是共产党员，我们都可以无愧地对您说，我们都是您的好儿女。”①

作为一名领导干部，焦裕禄为革命理想而付出了全部心血，这也是他留给孩子们最为宝贵的财富。焦裕禄临终时对几个孩子说，没有什么能留给你们。其实不是，正直清明的家风就是焦裕禄留下来的最宝贵的财富。正如习近平总书记所要求的“照镜子、正衣冠”，这是一面修身正己、修身治家的镜子。而且这个家风不仅是留给焦裕禄家人的，而且是留给全党全社会的一笔财富。焦裕禄的家风已经超越了古代传统的家国情怀的范围，他时刻把党和国家放在家的前面，一生坚定党性，以党性修身，以党性齐家，不求“独善其身”，只求“兼济天下”。只有对于党和人民有最深切的守望，才会产生这种情怀，也只有把党性作为齐家的原则，才使他的子孙后代能够一代一代去坚守这种情怀。

三、焦裕禄家风的启示

列宁曾经说过，堡垒最容易从内部攻破。家庭既是领导干部个人奋斗的动力，也是引发权力寻租的温床。对领导干部来说，要处理好一个十分重要的问题，就是如何看待家庭财富这个问题，要传给子孙后代什么东西。这就是家庭价值观的问题。家庭的财富是什么？

① 赵瑜：《焦裕禄家风》，河南文艺出版社2018年版，第173页。

是几套房子？是大额存款？还是什么其他的东西？清代名臣林则徐说:“子孙若如我，留钱做什么，贤而多财，则损其志;子孙不如我，留钱做什么，愚而多财，益增其过。”焦裕禄也给我们树立了很好的榜样，他留给家人的是高尚的道德情操和良好的家庭风尚，比起物质财富，这些可以传之久远的东西更有价值。

(一)修养党性的榜样价值

把家风作为党员干部作风建设的重要内容，是党的十八大以来全面从严治党的一个突出特点，其逻辑起点在于家风虽出自家庭立足于家庭，但其对领导干部的道德水准和价值取向产生重要影响。家风可以反映出家长自身的价值追求、理想信念、道德情操，也能折射出家长对子女生命成长的人生期许。共产党员的家风，尤其是党员干部的家风更是具有超越普遍意义的家风意涵。它是党员干部党性修养在子女生命成长过程中的绵延与价值介入，简单地说，党员干部有什么样的党性修养，就会有什么样的家风与之相对应。

党的十八大以后，我们党越来越重视党员干部的家风建设。2016年1月12日，习近平在十八届中央纪委六次全会上强调，每一位领导干部都要把家风建设摆在重要位置，廉洁修身、廉洁齐家，在管好自己的同时，严格要求配偶、子女和身边的工作人员。新修订后的《中国共产党廉洁自律准则》，首次将“廉洁齐家，自觉带头树立良好家风”列为党员领导干部廉洁自律规范的首要内容之一。“齐家”首次被列入党的规章中，给出了一个重要的信号:领导干部家风受到空前关注。2018年出台的《中国共产党纪律处分条例》(修订版)第一百三十六条有关于“党员领导干部不重视家风建设，对配偶、子女及其配偶失管失教，造成不良影响或者严重后果的，给予警告或者严重警告处分;情节严重的,给予撤销党内职务处分”的规定,从党规党纪的角度明确了关于家风建设与维护的要求,这个规定在特定场合具有超越道德说教与谴责效用的真正的外部强制力。所以,党员领导干部要充分意识到家风建设的重要性,率先树立优良家风,在自律的同时也要严格约束家庭成员的言行,致力于建立一个健康向上的模范家庭。

焦裕禄家风就是党员干部修养党性的重要精神资源。焦裕禄作为党的优秀干部,他的家风反映出的是个人高洁纯粹的党性修养和廉洁自律的工作作风。我们党一直以来高度重视家风,其根本目的就是要为领导干部的党性修养和廉政建设立标杆、树榜样。焦裕禄家风对于当前党员干部的党性修养提升具有很强的引领作用。这种引领作用主要表现在以下几方面:

首先,以德性修养党性。焦裕禄家风蕴涵着质朴的道德品质和家国情怀,从中可以感受到共产党员对自己、对家人的道德品性的要求。德性与党性息息相关,修养德性在某种意义上也是修养党性。因此,通过学习弘扬焦裕禄的家风可以引领广大党员干部检视德性,修养党性。

其次,以劳动淬炼党性。共产党员最不应该的是好逸恶劳,热爱劳动应当是每一个共产党员的本色要求。焦裕禄家风中有强烈的劳动意识,共产党员应该从中看到劳动不仅仅能养身,而且能从艰苦的劳动中品味生活、了解民情,强化为民意识,进而淬炼党性。

再次,以勤俭陶冶党性。“历览前贤国与家,成由勤俭败由奢。”奢靡易腐,勤俭养性。共产党员拒腐防变应当从拒绝奢靡之风做起,无论何时何地,勤俭都是美德,是党性的根本要求。焦裕禄的优良家风提醒我们,唯有勤俭的生活,才不至于乱了心性,乱了党性。即便党和人民给予了党员干部群体较好的家庭生活条件，也不能因此放松对家庭成员艰苦朴素生活作风的教育和培养。

最后，以廉洁捍卫党性。廉洁从政是党和人民对党员干部提出的基本要求。焦裕禄家风特别强调要杜绝特权思想。杜绝特权思想就是防止权力的任性与傲慢，廉洁方能自律，方能捍卫和纯洁党性。在全面从严治党的关键时期，焦裕禄家风对党员干部修养党性、廉洁齐家具有重要的价值和意义。

（二）教化子女的引导价值

《三字经》说“养不教，父之过”。父母的教育对子女影响很大。家庭是否能营造出文化传承和精神传承的氛围，既直接关乎子女的性格、品质和素养，也关乎子女将来的价值成就、作为担当。如果每一个家庭都能重视家风建设，重视以积极家风教育子女，那么必然能够实现代际文化向善，进而实现子女的健康成长和良好发展。所以，父母为了子女的前途出路打算，就应当以身作则，言传身教，早教育早入手，培养子女良好的德性。

焦裕禄家风对于教育子女，尤其是党员干部教育子女，具有强大的现实参照价值。很多事例都告诉我们，党员干部的腐败行为大多从家庭腐败开始。学习焦裕禄家风思想有利于自身的家风建设，防止腐败在家庭和家人身上出现。习近平总书记曾经告诫党员干部要有正确的教子观。什么是正确的教子观？焦裕禄家风中就有体现：

第一，焦裕禄家风的第一条是热爱劳动。劳动具有塑造子女品质与习惯的双重教化价值。天道酬勤、勤劳朴实是中国文化的重要价值元素之一。热爱劳动不仅能帮助子女养成勤奋拼搏的道德品格，而且有利于孩子养成刻苦用功的行为习惯。

第二，勤俭可以培育子女高度的自律精神与良好的生活方式。焦裕禄家风倡导的勤俭，对于子女而言，不仅有利于良好性格的养成，从而自律、节制，而且能让子女养成勤俭持家的生活方式，使其终身受益。习近平总书记曾深情地回忆说，父亲习仲勋“节俭几近苛刻。家教的严格，也是众所周知的。我们从小就是在父亲的这种教育下，养成勤俭持家习惯的。这是一个堪称楷模的老布尔什维克和共产党人的家风。这样的好家风应世代相传”。无论经济如何发达，物质财富方面多么富有，我们都要教化子女坚守勤俭节约的自律品质和生活方式。

第三，不搞特殊化，养成子女公平公正意识和底线思维。人生而平等，尤其是共产党的宗旨是为人民服务，领导干部的公仆形象不仅在于服务于民，而且在于养成严格的生活作风。焦裕禄教育子女不搞特殊化，不搞特殊化的应有之义就是公平、公正。每个人所享受的资源可能因为实际情况有所不同，但是准入门槛和机会应该是均等的。所以说，焦裕禄家风深蕴教育子女的价值，指导着党员领导干部管教子女，培养子女的道德信念与道德意志，养成高尚精神追求，强化底线意识。

（三）凝聚民心的社会价值

中国自古以来讲家国同构，其中隐含的一条规律就是家庭、家族对国家和民族的影响。家风反映的是家庭的文化风气，这个文化风气聚合起来就能形成良好的社会风气与价值共识。所以，共产党员的家风不仅关乎党风，而且关乎国风、关乎社会风气。如果每一个家庭都有良好的家风，那么中华民族的发展与进步就能获得无穷的正能量。所以，新时代亟须整合家风建设的力量，尤其是党员干部的家风建设,这既关乎党员干部自身的党性修养与素质,更关乎民心所向和社会共识的达成。

焦裕禄作为社会主义建设年代优秀共产党人红色家风的典型代表,他的家风文化所传递出的朴素道理与担当意识,在新时代具有凝聚民心的强大的聚合价值。具体而言,焦裕禄家风凝聚民心的社会价值主要表现为:

首先,有利于发挥共产党员家风的示范引领作用。群众看党员,党员看干部。老百姓不仅关心党员领导干部自身廉洁自律、勤政为民的问题,还十分注意其家属子女在社会上的言行举止。所以,领导干部对家风的建设,也是践行社会主义核心价值观的重要要求。因为他们影响的是整个社会的风气,尤其是在今天,信息技术十分发达,党员干部及其家属子女更需要谨言慎行。领导干部的家风是具有客观社会效应的,不管主观意志怎么样,在客观上都会产生一定的社会效应,所以党和人民对领导干部的家风要求更严格。只有广大共产党员特别是党员干部形成具有深刻的文化内涵、高尚的道德情操、崇高精神追求的家风,人民群众才能心悦诚服,才能自觉地去支持党的领导,才能坚定我们党的群众路线,达成普遍的社会共识。

其次,有利于达成热爱劳动、尊重劳动的社会共识。劳动是人类高尚的社会活动,人因为劳动而推动社会的文明进步。但是,一段时间以来,一种好逸恶劳的做派甚嚣尘上,一夜暴富成为相当一部分人的追求与理想。如何改变这种现状应该引起我们深刻反思。马克思说劳动是人类的本质活动,劳动是人类社会生存和发展的基础,是人维持自我生存和自我发展的唯一手段。当人们用自己的双手,以真诚的劳动,不断改造自然、改造自我,不断开辟和推进崭新向前的生活样态时,人们很容易体会到自我存在的意义,在充分的自我肯定中产生强烈的自豪感和成就感。李大钊说:“我觉得人生求乐的方法,最好莫过于尊重劳动。一切乐境,都可由劳动得来,一切苦境,都可由劳动解脱。”所以,焦裕禄家风倡导的热爱劳动、尊重劳动应该成为社会共识,应该成为全社会向往的精神品质。

再次,有利于树立勤俭节约的社会风尚。勤俭是中华民族几千年来一脉相承的民族风尚,无论物质财富多么丰富,勤俭都应当成为每一个人自觉的精神追求、成为一个社会的精神风尚。现在虽然提倡光盘行动和绿色出行,但是铺张浪费之风依然存在,只有从文化源头上予以价值塑造才能根本解决这个问题。焦裕禄家风将崇尚勤俭、厉行节约作为重要内容,任何时候都不会过时,任何时候都会产生重要的社会价值和作用。

最后,有利于消除特权,形成平等公正的社会规范。一个社会是否达治、善治的重要标准就是是否做到了平等公正的最大化实现。特权是民心离散、政权危机的根源,消除特权,尤其是消除党员干部的特权,才能让民众看到实实在在的平等和公正。毫无疑问,特权思想与特权现象与党的宗旨性质格格不入,若不坚决反对,势必损害党的形象和威信、破坏党群干群关系、动摇党的执政基础。对此,习近平总书记在十八届中央纪委二次全会上的重要讲话中强调:“反腐倡廉建设,必须反对特权思想、特权现象”,“这个问题不仅是党风廉政建设的重要内容,而且是涉及党和国家能不能永葆生机活力的大问题”。焦裕禄家风重点强调不搞特殊化,强调的就是平等公正意识。所以,弘扬焦裕禄家风,能够让广大党员干部对自己的定位有清醒的认识:共产党的领导干部是人民的公仆,任何人都没有权力凌驾于人民之上作威作福。党员干部只有首先清楚这个定位,我们全社会才能够逐步建构起平等公正的社会规范。

家是最小国，国是千万家。重视家庭建设，注重家教家风，做培育良好家风的表率，以良好家风涵养初心使命，是党员干部的必修课，也是新时期深入推进党风廉政建设和反腐败斗争的题中应有之义。新时代提倡焦裕禄家风，不仅仅是对家庭文化的弘扬和回归，而且是营造健康的党风、政风和国风的需要。

第五章

焦裕禄精神与党性修养

习近平总书记高度重视党员干部的党性修养问题，指出党员干部要加强党性修养，强化自我修炼。要明大德，守公德，严私德，追求积极向上的生活情趣，自觉地用党性原则来规范和提升自己，养成共产党人的高风亮节。焦裕禄精神中蕴含的公仆情怀、求实作风、奋斗精神、道德情操，无不体现着鲜明的党性自觉，对新时代领导干部党性修养的提升具有强大的价值引领作用。

一、焦裕禄党性修养的体现

焦裕禄有着坚定的党性意识，他心中有党，对党无比忠诚；他心中有民，对群众感情深厚；他心中有责，时刻不忘肩上的使命与担当；他心中有戒，对党纪国法心怀敬畏。

(一)心中有党

习近平总书记在谈到如何做到心中有党时指出,看一名党员干部特别是高级干部的素质和能力,首先看政治上是否站得稳、靠得住。站得稳、靠得住,最重要的就是要牢固树立“四个意识”,自觉在思想上、政治上、行动上同党中央保持高度一致,坚决维护党中央权威和集中统一领导,在各项工作中毫不动摇、百折不挠贯彻落实党中央决策部署,不打任何折扣,不要任何小聪明,不搞任何小动作。①

1. 自觉接受毛泽东思想哺育

焦裕禄自觉接受毛泽东思想哺育,最典型的就是他刻苦学习毛泽东的著作,以此提高自己的思想境界,自觉改造自己的世界观、人生观和价值观。他把毛泽东著作当作思想的养料,不断地滋养自己,给自己以智慧和力量,并从毛泽东著作中寻找战胜困难的士气,寻找解决问题的方法。焦裕禄对毛泽东著作的学习、运用做到了思想上的自觉,并当成了生活中的一种习惯,不管工作多累、多忙,他总是抽出时间去读毛泽东著作。焦裕禄经常说,毛主席的书不能不读,一个革命干部,每天都得学习毛主席著作,提高认识,改造思想。刚到兰考时,为鼓舞干部战胜困难的士气,焦裕禄经常组织县委一班人学习毛泽东的《为人民服务》《纪念白求恩》《愚公移山》,引导大家回忆兰考的革命斗争史,激发抗灾士气。在北京治病期间,焦裕禄顽强地同病魔作斗争,他一边关心着兰考的工作和农业生产,一边学习《毛泽东选集》和刘少奇的《论共产党员的修养》。焦裕禄逝世后,人们在他病床的枕头下发现两本书:一本是《毛泽东选集》,一本是《论共

① 习近平:《在党的十九届一中全会上的讲话》,《求是》2018 年第 1 期。

产党员的修养》。

焦裕禄读过的《毛泽东选集》和《论共产党员的修养》(兰考焦裕禄同志纪念馆供图)

20世纪60年代,正是新中国成立后全国人民热火朝天开始建设社会主义的年代。焦裕禄在革命建设中,斗志昂扬、满腔热情,不管是在洛阳投身工业管理,还是在兰考转战农业生产,他一直都兢兢业业、努力工作,听党话跟党走,为党和人民的事业鞠躬尽瘁。焦裕禄把他的毕生精力都献给了党和人民的事业,其根源就在于他对马克思列宁主义和毛泽东思想的坚定信仰。

2. 笃信党的理论

焦裕禄笃信党的理论,深刻表现在他对马克思主义的信仰,对社会主义和共产主义的信念。党的理论是共产党人的政治灵魂,是共产党人经受住任何考验的精神支柱。由于长期坚持学习毛泽东著作,焦裕禄对马克思列宁主义、毛泽东思想的理解和感悟是深刻的,并一以贯之地依靠自己对于马克思主义的这种坚定信仰来开展兰考的各项工作,转变领导班子的工作作风,为我们树立了光辉的榜样。焦裕禄成为党员干部的典范,并不是依靠朴素的阶级感情和一时心血来潮的热情,而是长期坚持学习党的理论而形成的对马克思列宁主义和毛泽东思想的信仰。

马克思曾十分精辟地论述了科学理论的巨大作用，他说，批判的武器不能代替武器的批判，物质力量只能用物质力量来摧毁；但是理论一经群众掌握，也会变成物质力量。马克思主义经典作家的论述和中国共产党的历史经验教训都告诉我们：要实现党的强大，就必须重视党的理论学习。思想先进是其他各方面先进的根基，保持思想先进的关键在于用与时俱进的科学理论武装头脑。加强党的理论学习，是共产党员加强理论修养、永葆先进性的内在要求，是每个党员的必修课。

今天，中国特色社会主义进入了新时代，以习近平同志为核心的党中央继续推进马克思主义中国化的理论事业，创立了习近平新时代中国特色社会主义思想，形成了马克思主义中国化的最新理论成果。党的理论创新每前进一步，党的理论武装就要跟进一步。毛泽东曾经指出，掌握思想教育，是团结全党进行伟大政治斗争的中心环节。如果这个任务不解决，党的一切政治任务就不能完成。每当党和国家处于历史转折时期、事业发展迎来新的重要起点之时，我们党都特别重视用科学理论武装全党、统一思想，保持清醒头脑、坚定正确方向、凝聚磅礴力量，从容应对“赶考”路上的一切艰难险阻。党的十八大以来，习近平总书记反复强调思想建党、理论强党，指出“革命理想高于天”，“只有理论上清醒才能有政治上清醒，只有理论上坚定才能有政治上坚定”，“加强思想教育和理论武装，是党内政治生活的首要任务，是保证全党步调一致的前提”。党中央采取一系列重大举措抓好全党理论武装，先后部署开展党的群众路线教育实践活动、“三严三实”专题教育、“两学一做”学习教育、“不忘初心、牢记使命”主题教育，推动党内教育从“关键少数”向广大党员拓展，从集中性教育向经常性教育延伸，推动广大党员干部加强理论学习，不断提高马克思主义理论水平，为写好新时代中国特色社会主义这篇大文章扎深理论之根、筑牢信仰之魂。

3. 坚定理想信念

焦裕禄一生理想信念坚定，信仰崇高，他对马克思主义的信仰是坚定不移的，这主要表现在他对党的事业毫无保留的奉献，对人民大公无私的付出。焦裕禄曾经深情地说："我们的各级干部，特别是领导干部，要坚持发扬党的光荣传统，勤勤恳恳，任劳任怨，大公无私，廉洁奉公，艰苦奋斗，勤俭节约，发扬民主，联系群众。做人民的勤务员，不做人民的'老爷'，以这些党的优良传统去培养青年一代，树立起共产主义思想，培养共产主义的道德品质。"①

焦裕禄对实现共产主义的远大理想充满信心，但是共产主义的实现要经过一个漫长而艰苦的过程。焦裕禄从来不会被困难吓倒，面对兰考最苦最难最穷的局面，他始终对共产主义事业充满信心。焦裕禄认为，是困难让革命者正好有了用武之地，战胜困难正好是锻炼干部群众革命意志的机会。焦裕禄在带领兰考人民与"三害"作斗争的过程中所树立的"四面红旗"，就是兰考群众坚定不移地走社会主义道路的信心、决心和艰苦奋斗精神的集中展现。

信之愈深，行之愈笃。现在一些党员干部出现腐败问题，其深层次根源在于自己信仰缺失，在于理想信念动摇。各级领导干部要学习弘扬焦裕禄精神，务必要把坚定理想信念作为自己的必修课，作为自己安身立命之基石。理想信念是共产党人的从政之基、处世之道

---

① 周长安等编著：《焦裕禄在兰考的475天》，中州古籍出版社2014年版，第42—43页。

和做人之本，党员干部只有坚定理想信念，才能提高政治站位，开阔心胸、眼界，才能做到坚持正确的政治方向。

(二)心中有民

“民为邦本，本固邦宁。”党的根基在人民、血脉在人民、力量在人民。中国共产党从成立之日起便把“人民”二字深深印在自己的旗帜上，把“为人民服务”写在自己的执政宗旨中。心中有民是焦裕禄宗旨意识的体现，也是焦裕禄精神的本质所在。

1. 心中装着人民

人民是天，人民的利益高于一切；人民是地，人民是我们党生存的土壤和根基。离开了人民的支持和拥护，党的事业就会危机重重。《荀子·君道》中讲：“故有社稷者，而不能爱民，不能利民，而求民之亲爱己，不可得也。”要得到人民的支持，就必须切实践行全心全意为人民服务的宗旨。“心里装着全体人民、唯独没有他自己”的公仆情怀是焦裕禄精神最深厚、最鲜明的品质，也是人民给予他最朴实、最真挚的褒奖。

焦裕禄到兰考工作后，他召集的第一个县委会议是在火车站开的。晚上，他把大家带到了兰考火车站。当时北风怒号、大雪纷飞，国家运送灾民前往丰收地区的列车正从这里经过。候车室里拥挤着准备逃荒的群众，火车车厢里蜷曲着外出逃荒的灾民。见此情景，焦裕禄心情沉重地对县委委员们说：“这些人绝大多数是我们的阶级兄弟，是灾荒逼迫他们到外面去的。这不能怪他们，责任在我们身上。党把 36 万人民交给我们，我们没有能领导他们战胜灾荒，应该感到羞耻和痛心。”①回到县委会议室已是午夜时分，大家纷纷发言，表示今后要齐心协力，带领群众改变兰考面貌。听了大家的发言，焦裕禄说，希望大家能牢记今晚的情景，带着阶级感情去领导群众改变兰考的面貌。

豫剧《焦裕禄》中焦裕禄夜访火车站剧照（焦裕禄干部学院供图）

全心全意为人民服务是共产党人的立身之本。人民群众在党员干部心中的分量有多重，党员干部在人民群众心中的分量就有多重。同焦裕禄所处的时代相比，我们虽然在经济社会发展上取得了巨大成就，但社会环境也更加复杂，面对的考验更加严峻，人民群众的需求日益多元，对党员干部的要求越来越高。新形势新任务，更加需要焦裕禄式的好党员好干部，以“心里装着全体人民、唯独没有他自

① 周长安等编著：《焦裕禄在兰考的475天》，中州古籍出版社2014年版，第26—27页。

己”的情怀，战胜各种侵袭和诱惑，永葆先进本色；以不求名利、不计得失、不图回报的境界，实现好、维护好、发展好人民群众的利益。

2. 感情付诸人民

动人心者莫先乎情。情，是做人的境界，是做事的动力。焦裕禄对群众有一股天然的亲劲，这种亲劲中充满了朴素的爱民情怀。人民群众是我们党成长壮大的力量之源。焦裕禄牢记党的宗旨，把自己当作“人民的儿子”、以赤子之心为人民谋利益。带不带感情做事，效果是大不一样的。带着感情做事，就会全身心投入，始终把人民利益摆在至高无上的地位；不带感情做事，就会敷衍了事，无视广大群众的冷暖安危。正因为焦裕禄对群众充满了感情，所以他最看不得群众受苦受难。为了让群众过上好日子，他宁可自己累死，也不愿让百姓饿死。焦裕禄与群众同甘苦共患难，想群众之所想，做群众之所需，解群众之所忧。在大雪纷飞的夜晚，焦裕禄彻夜难眠。他考虑的是：如此严寒的天气，老百姓缺不缺吃？缺不缺穿？牲口会不会冻死？第二天天不亮，焦裕禄下发了一个“雪天五条通知”，要求各级干部迅速行动起来，他说：“在大雪拥门的时候，我们不能坐在办公室里烤火，应该到群众中去。”①他始终和广大人民群众保持最密切的联系，对群众用真心、动真情，不为名、不为利，一心为人民，自然会得到群众的尊敬和爱戴。

习近平总书记在党的十九大报告中强调：“全党同志一定要永远与人民同呼吸、共命运、心连心，永远把人民对美好生活的向往作

---

① 周长安等编著：《焦裕禄在兰考的475天》，中州古籍出版社2014年版，第145页。

为奋斗目标。”①始终与人民风雨同舟、生死与共，保持血肉联系，是我们党战胜一切困难的根本保证。对人民群众有深厚的感情，是由我们党的性质和宗旨决定的，这不仅仅是态度问题、工作方法问题、作风问题，还是严肃的政治问题、方向问题。

感情付诸人民，就是要求党员干部深思“入党为什么、做官图什么、为民谋什么、身后留什么”，要学习焦裕禄深怀爱民之心，站在人民的立场上，关心人民群众的疾苦，体察人民的喜怒哀乐，关心群众的安危冷暖，想问题、办事情首先考虑的是人民群众高兴不高兴、满意不满意、答应不答应、赞成不赞成。

3. 智慧来自人民

人民是真正的英雄。习近平总书记强调，中国共产党的一切执政活动，中华人民共和国的一切治理活动，都要尊重人民主体地位，尊重人民首创精神，拜人民为师，把政治智慧的增长、治国理政本领的增强深深扎根于人民的创造性实践之中，使各方面提出的真知灼见都能运用于治国理政。要做好各项工作，就必须把“一切依靠群众”牢记在心，凝聚群众的智慧和力量，始终坚持“人民是真正的英雄”的思想，密切联系群众、充分相信群众、紧紧依靠群众。

焦裕禄有尊重群众、甘当学生的情怀。他拜人民为师，问计于民，紧紧依靠人民治理兰考，这一点在治理兰考风沙的活动中最具典型性。在治理风沙的前期，焦裕禄一直没有找到好的治理办法，在一次深入群众的走访中，他偶然找到了治理风沙的科学方法。1962 年 12 月 9 日，他来到城关公社老韩陵村，挨家挨户到群众家中访问，看

① 习近平：《在中国共产党第十九次全国代表大会上的报告》，2017 年 10 月 18 日。

群众吃的怎样，烧的怎样，有多少粮食，有没有棉衣、被子。3 天后，他住进了饲养员萧位芬的牛屋。就如何改变兰考的面貌，焦裕禄征求萧位芬的意见。萧位芬说："焦书记，这么大的事儿，我是个大老粗，能拿个啥主意。"焦裕禄讲道："改变兰考面貌，人人有份。您年纪大，有生产经验。我今天就是来学习请教的。"①萧位芬根据多年的经验，提出了"种泡桐树挡风压沙"的建议。在随后召开的县委扩大会议上，萧位芬的建议被采纳，上升为县委改变兰考面貌的重大决策。焦裕禄常说，服务群众的办法，还得从群众中找。焦裕禄善于激发群众的积极性和主动性，尊重群众的创造性，成功找到了兰考"三害"的科学治理方法。

焦裕禄访问过的城关公社老韩陵大队饲养员萧位芬（刘俊生供图）

① 周长安等编著：《焦裕禄在兰考的 475 天》，中州古籍出版社 2014 年版，第 16 页。

经常深入群众，同群众打成一片，才能更好地获取群众实践中的无穷智慧。1963 年 7 月初，焦裕禄亲自带领“三害”勘察队，查风口、追风源，寻找治理风沙的办法。在张庄，听社员魏铎彬说他用淤土盖住自己母亲坟头，没有被狂风刮开的事，焦裕禄深受启发地说：“一个人一个早上封一个坟，我们运用人民公社的力量。100 人、1000 人、10000 人、十几万人，干一年、两年、三年，凡是近处有淤泥可取的沙丘，都用淤泥封住。栽上树、种上草，岂不把骇人听闻的沙丘变成了锦绣。”①焦裕禄把这种翻淤压沙的办法叫作“贴膏药”，把栽树、种草叫作“扎针”。“贴膏药”“扎针”成为兰考治理“三害”的有效办法。

知屋漏者在宇下，知政失者在草野。广大群众对党的工作最有发言权。焦裕禄在谋划工作、制定规划时，特别注意发扬民主，集思广益，广泛听取群众的意见和建议，从群众中汲取智慧。当年在洛阳矿山机器厂工作时，作为车间主任的焦裕禄总结了“十条工作经验”，其中第一条就是“要依靠群众”。焦裕禄善于将群众分散的、不系统的意见集中起来，加以整理归纳，作出决策，然后部署下去，在群众的实践中加以检验，把实践中的情况再集中起来，对决策进一步完善，再部署下去，在群众中不断循环，把规划变为现实。

实践是最大的课堂，人民是最好的老师。习近平总书记在中央党校（国家行政学院）中青年干部培训班开班式上发表重要讲话时强调，党员干部要拜人民为师、向人民学习，放下架子、扑下身子，接地气、通下情，深入开展调查研究，解剖麻雀，发现典型，真正把群众面临的问题发现出来，把群众的意见反映上来，把群众创造的经验总

---

① 周长安等编著：《焦裕禄在兰考的 475 天》，中州古籍出版社 2014 年版，第 87 页。

结出来。这些重要论述就是告诫党员干部要虚心向群众学习,真心对群众负责,热心为群众服务,以实际行动为群众谋幸福。

4. 福祉带给人民

习近平总书记指出,中国共产党人的初心和使命就是为中国人民谋幸福,共产党人必须牢记党的为人民服务的宗旨,时刻把人民的利益放在第一位,把人民对美好生活的向往作为奋斗目标,把实现人民幸福作为最大追求。

焦裕禄之所以深受广大人民群众爱戴,是因为他时时处处以人民利益为重。他用自己的实际行动实现了“为官一任,造福一方”的崇高精神境界。毛泽东曾说:“一切空话都是无用的,必须给人民以看得见的物质福利。”

古人云,“保国之道,藏富于民,民富则亲,民穷则离,民之贫富,国家休戚系焉”。焦裕禄始终把群众满意作为一切工作的出发点和落脚点,特别注意抓住群众最关心、最直接、最现实的利益问题,让群众实实在在得到实惠。兰考百姓说,焦裕禄在兰考是救荒、救苦、救难又救命。1963 年 12 月 11 日,在红庙公社葡萄架大队蹲点的焦裕禄来到社员张传德家,发现张传德一岁的儿子身患重病,在当地看了一个多月不见好转,气息奄奄。焦裕禄当即赶到大队部给县医院院长打电话,要求他们好好给孩子治疗。焦裕禄又写了一封信,让张传德带上到县医院去。住院期间,焦裕禄三次打电话询问病情。经过精心治疗,孩子得救了。焦裕禄去世后,为了感恩焦裕禄,张传德把儿子的名字由张徐州改为张继焦。张继焦现在在兰考县焦裕禄纪念园工作,他说他的一生只做一件事,那就是为焦裕禄守坟报恩。

（三）心中有责

心中有责，就要有责任意识、担当意识。作为党员干部特别是党员领导干部，要始终保持一种重任在肩、不辱使命的责任感，始终保持昂扬向上、奋发有为的精神状态，始终保持如履薄冰、如临深渊的谨慎态度，把为党和人民的事业奋斗终生作为自己的最大职责和最高使命。党员干部只有怀有这种使命感和责任心，才能时刻牢记自己肩上所担负的责任；只有忠诚于党、忠于人民，才能将责任化为实干之力，才能以时不我待的奋发之心踏实干事、履职尽责。

1. 做政治的明白人

党员干部要做政治的明白人。习近平总书记指出，要做政治的明白人，对党绝对忠诚，始终同党中央在思想上、政治上、行动上保持高度一致，坚定理想信念，坚守共产党人的精神家园，自觉践行社会主义核心价值观，自觉执行党的纪律和规矩，真正做到头脑始终清醒、立场始终坚定。①

像焦裕禄一样对党忠诚。焦裕禄是一个对党忠诚、“心中有党”的好干部。他三写入党申请书，以饱满的热情加入中国共产党。面对党组织派给他赴任兰考的任务，他义不容辞，毅然前往。在兰考“三害”面前，他毫无怯色，而是凭着“不改变兰考面貌，我绝不离开这里”的勇气和担当，与“三害”展开殊死搏斗，并最终战胜“三害”。

像焦裕禄一样坚定理想信念。焦裕禄对理想信念的坚定，从他工作的各个阶段都能找到影子。焦裕禄在大连起重机器厂工作期间，刚开始由于从农业战线跨到工业战线，业务很不熟悉。但他坚持一个信念，那就是学习工业知识，提高工作技能。在不断学习不断探

① 习近平：《做焦裕禄式的县委书记》，中央文献出版社2015年版，第67页。

索中，焦裕禄所带领的车间成为“红旗车间”，焦裕禄也成为该厂的工业能手。在兰考工作期间，焦裕禄同样坚守着一个理想信念——改变兰考面貌，让人民不再受苦受穷。在这一信念的支撑下，焦裕禄在兰考大干了一场，生动展现了一场改天换地的壮观景象。

像焦裕禄一样遵守党的规矩、纪律。没有规矩不成方圆。焦裕禄把严守党的纪律和规矩挺在了最前面，在纪律面前始终严守红线、苛守底线。对自己的家属、亲戚，焦裕禄从来不存在任何“宽容”之心，而是有一说一，丝毫不逾矩、不特殊。

做政治的明白人，不是一个空洞抽象的概念，也不是一种高调表态，而是一个共产党员对党的忠诚，对理想信念的坚守，对规矩纪律的敬畏。各级领导干部要把它落实到具体实践中，落实到工作中，落实到生产生活的点点滴滴之中。做政治的明白人，要求党员干部要保持政治上清醒，认清自己第一身份是共产党员，始终明白“为了谁、依靠谁、我是谁”，始终把党和人民放在心中最高位置，发扬焦裕禄精神，履职尽责，勇于担当，做到无愧于党、无愧于心、无愧于人民。

2. 做班子的带头人

带头讲党性、重品行、做表率，带头抓班子带队伍，带头依法办事，带头廉洁自律，带头接受党和人民监督，带头清清白白做人、干干净净做事、堂堂正正做官。这是习近平总书记对“班子的带头人”做出的明确指示，是县委书记的行动指南，也是各级党员干部的基本遵循。

“班子强不强，关键看班长。”治灾前，作为县委书记的焦裕禄首先抓的就是干部的思想统一问题，他把“劝阻办公室”变成“除三害办公室”，教育广大干部要从根本上解决人民群众外出逃荒的情况，就要釜底抽薪，根治“三害”，而不是扬汤止沸。这样就统一了兰考县委领导班子的思想认识，为接下来的除“三害”工作打下了思想基础。除“三害”期间，焦裕禄又充分发挥“班长”的作用，无论刮风下雨、风沙肆虐，他都义无反顾地走在最前列，干在最前列。面对干部对兰考内涝的畏难情绪，他说：“咱们都是群众的带路人。在一个县，县委是全县群众的领导核心；在一个公社，公社党委就是全社群众的领导核心。现在，群众都在看着我们，越是在困难的关头，领导干部越是应该挺身而出，用咱们的勇气和信心，去鼓舞群众的斗志。”①正是这种甘当表率的带头精神，才凝聚起兰考36万人民战胜灾荒的强大信心和力量。

做班子的带头人，是具体的而不是抽象的，是实际的而不是口头的，是持久的而不能“一阵风”。坚持以品德立身、用能力服人、让业绩说话、靠廉洁树威，面对工作敢说“跟我来”，面对纪律敢讲“跟我学”，面对危机敢喊“跟我上”，有身先士卒的勇气，有向我看齐的锐气，有以身示范的正气，才有以上率下的底气，树立起有形的价值观，释放出鲜活的正能量。凡事带一次头容易，难的是事事带头、时时带头、处处带头。克服怠惰思想，坚持久久为功，才能将“带头”的要求贯穿始终，进而带动身边的干部群众干事创业。

“带头”就要有监督，有批评，有要求，有抓班子带队伍的魄力和办法，不能无原则地追求表面的一团和气。现实中，一些党员干部或是“不想带头”，只求独善其身，漠视队伍建设；或是“不会带头”，抓班子带队伍失之于宽、失之于软，该发现问题而没有发现；或是“不敢带头”，发现问题却不批评、不上报、不处置……如果批评蜻蜓点水、监督束之高阁，那么“带头”就会扭曲异化。拿出敢于批评的魄

① 周长安等编著：《焦裕禄在兰考的475天》，中州古籍出版社2014年版，第74页。

力，激发严于监督的威力，培养循循善诱的能力，“带头”才有感染力、影响力和震慑力。

3. 做发展的开路人

焦裕禄在为兰考谋发展的过程中，勇于担当开路人的角色。历史上兰考是黄泛区，农业基础差、底子薄。焦裕禄上任伊始，迎接他的是街上成群乞讨的孩子，面对他的是成群外出逃荒的群众，当地很多干部群众情绪低落，萎靡不振。面对这种情况，焦裕禄没有怨天尤人、悲观丧气，而是不等不靠，以积极向上的精神状态，迎难而上，做勇于担当、改变兰考面貌的领跑者。他“敢教日月换新天”的豪言壮语和顽强拼搏的钢铁意志，不仅温暖了人民群众的心，而且激发了广大党员干部的革命斗志。在焦裕禄的带领和激励下，兰考人民重塑了战胜困难的信心，坚定地树立了消灭“三害”的决心，把一个困难重重的兰考变成一个充满希望的兰考。焦裕禄以自己的实际行动，展现了共产党人藐视困难、不惧风险、攻坚克难的大无畏精神，为兰考的发展变化开辟了新路。

做发展的开路人，需要有干劲、在状态。习近平总书记曾指出，良好的精神状态，是做好一切工作的重要前提。改革发展任务繁重，社会转型矛盾复杂，夺取新的胜利，靠的是一大批肯干敢干能干的好干部。现实中，新情况、新问题不断出现，如何对待加快发展与保护环境的矛盾，如何协调长远发展与眼前政绩的关系，如何破解“锦上添花”与“雪中送炭”的难题，全力打好扶贫开发攻坚战，都检验着党员干部的政绩观。无论是地方的改革发展，还是政策的落地生根，都需要全身心投入，都需要干劲、闯劲、拼劲，都需要抓实、抓小、抓细。

做发展的开路人，需要重责任、讲担当。改革发展攻坚之时，最需要担当精神。有多大担当才能干多大事业，尽多大责任才会有多大成就。遇到困难就打退堂鼓，看到风险就挂免战牌，只会是庸官、懒官，干不成事、做不好事。各级领导干部必须在其位谋其政，以责无旁贷的精神走在前列、干在实处。作为改革发展的组织者、实践者和推动者，各级干部要敢于负责、勇于担当，才能在全面深化改革中攻坚克难，让老百姓生活越过越好。

（四）心中有戒

习近平总书记在学习贯彻党的十九大精神研讨班上强调，要把我们党建设好，必须抓住党员领导干部这个“关键少数”。要把践行“三严三实”贯穿于全部工作生活中，做到心有所戒、行有所止，守住底线、不碰高压线。焦裕禄的一生心怀敬畏，敬畏权力、敬畏人民、敬畏法纪，在利益诱惑面前守得住底线，找得准立场，清清白白为官做人。

1. 心存敬畏

焦裕禄敬畏权力。焦裕禄的一个妻侄原是一名工人，在三年困难时期，下放回家，没了工作。家人找他给孩子安排一个工作，焦裕禄坚决拒绝，并严肃地说：“安排人是有政策、有计划的。我虽是县委书记，也不能违犯（反）政策乱安排人。现在农村正需要知识青年，在那里好好干是大有作为的。”①焦裕禄不仅对亲戚不徇私，对自己的孩子也严格要求。焦裕禄不准自己的儿子看“白戏”，即使是老百姓真心实意送到家里的鱼、西瓜也都折成现金送还人家。焦裕禄棉衣单薄、家里孩子多，组织上决定照顾他 30 尺布票、3 斤棉花，他坚决不要，将东西退了回去。类似的例子不胜枚举，这些都显示出焦

① 周长安等编著：《焦裕禄在兰考的 475 天》，中州古籍出版社 2014 年版，第 64 页。

裕禄心存敬畏、严于律己的精神。

焦裕禄敬畏人民。焦裕禄之所以能够被人民群众记住，就是因为他能够为大义而舍小利，时时刻刻将党、国家和人民的重托放在个人的利益之上，从没有用手中的权力做损公肥私的事情。在日常生活中，他比老百姓还节俭，从没有考虑过自己。他说："我们每一个党员必须认识到，革命不是为了做官，而是为了勤勤恳恳地为人民服务。……一个党员，贪污多占，不深入群众，高高在上，这就是变质。共产党员任何时候都要坚持原则，任何环境中都不能动摇，要经得起考验，任何成绩面前都不能骄傲自满，要吃苦在前，享受在后。任何职务的干部都是人民的勤务员。"①

焦裕禄敬畏法纪。在县委召开的组织监察会议上，他严肃批评党员干部中存在的贪污盗窃、侵占公共财产、违法乱纪、腐化堕落等不良现象，并提出了改进党风的具体措施：一是党员干部要认真学习党的方针、政策，提高理论水平，提高共产主义觉悟。二是对违法乱纪的党员要下决心处理，绝不心慈手软。三是对党员进行系统教育，加强政治训练。四是大张旗鼓地宣传党员中的好人好事，树立学习典型。②

党员干部心无敬畏，所产生的后果是严重的：在思想上就会出现牛栏关猫，将思想的篱笆扎得松松的；在工作上就会糊弄群众，大搞形式主义、政绩工程，弄虚作假、欺上瞒下；在生活作风上就会大搞享乐主义，腐化堕落。因此，我们要让焦裕禄精神涤荡党员干部的灵

---

① 周长安等编著：《焦裕禄在兰考的475天》，中州古籍出版社2014年版，第40页。

② 胡安志、毕国强：《清正廉洁焦裕禄》，河南人民出版社2013年版，第33页。

魂，让他们树立底线意识，心中有戒，知道自己哪些不能做，哪些不能拿，列出负面清单，对那些不警醒、不收手的干部依规依纪依法处理，让他们在党纪国法的高压线面前知警知惧。

国有国法，党有党规。党员干部要敬畏手中的权力，树立正确的权力观；要敬畏拥戴的群众，时刻保持与群众的鱼水深情；要敬畏严明的法纪，把规矩纪律挺在前面。天下之事，成于惧而败于忽，唯有敬畏权力、敬畏人民、敬畏法纪，才能慎初、慎微、慎行，才能多一些自律、少一些盲目；多一些自省、少一些放纵；多一些自警、少一些任性。

2. 谨言慎行

习近平总书记一直高度重视党员干部的官德，曾深刻指出，既要依法用权，又要以德用权，归根到底用权要讲官德，认为治党治国之要，在于“筑起思想道德和党纪国法两道防线”。谨慎用权、依法用权是焦裕禄的工作作风，是各级党员干部学习的典范。

谨言慎行是焦裕禄对自己的基本要求。焦裕禄在实际工作中，讲究系统的调查研究，他将坐在办公室里听汇报叫作“吃别人嚼过的馍”，在下乡调研的基础上才制定出除“三害”的决策。其用权可谓慎之又慎，其一言一行都是根据客观实际做出的。在工作中，焦裕禄从来不大喊口号，说的都是实话，干的都是实事。他将群众反映的问题记在小本子上，调查研究，归纳总结，找出解决的办法。

焦裕禄在工作生活中，能够做到谨言慎行，做守规矩讲原则的表率。一次，焦裕禄到城关粮管所买面，负责人一看是焦裕禄，就赶紧迎上去说：“焦书记，你看，买粮的人很多，排队得等一会儿，叫我给你代买了吧。”焦裕禄却认真地说：“你们不要光照顾我，要想办法让来买粮的群众都不排队，对农业生产不是更有利吗？还有，你们在这个地方搭个棚子，下雨淋不着群众，天热晒不着群众，那不是更好吗?”①买面的群众也纷纷让焦裕禄先买,可是焦裕禄还是拒绝了,坚持排队,才买了面。几天后,粮管所的开票窗口前搭起了棚子,为群众提供了方便。在工作中,焦裕禄要求共产党员都能够坚持原则,无论什么情况都不能动摇,面对成绩不能骄傲自满,要经得起考验。焦裕禄在下乡调研的时候都自带干粮,衣着朴素,不用手中的权力谋取方便,严格遵守党的纪律。

古人云,当官之法唯有三事:曰清、曰慎、曰勤。对于我们共产党人来说,谨慎是一种责任,党员干部在用权的时候要知法而敬畏,三思而后行。在具体的工作中,要多做少说,做到敏于事而慎于言。这种谨慎精神,绝不是谨小慎微、处处因循,而是要保持清醒的头脑,谨慎细致,慎终如始。如果说谨慎是一种修养,而党纪国法则是外在的约束力量。习近平总书记在参加兰考县委常委班子专题民主生活会时说,我们这么大一个政党,靠什么来管好自己的队伍?靠什么来战胜风险挑战?除正确理论和路线方针政策外,必须靠严明规范和纪律。我们提出那么多要求,要多管齐下、标本兼治来落实,光靠觉悟不够,必须有刚性约束、强制推动,这就是纪律。

“人心似铁,官法如炉。”在法治之下,全体党员干部都不能存在侥幸心理,要时常打扫思想上的灰尘,自觉抵制和祛除不良风气,自觉遵纪守法。党的好干部是一种追求和责任,是一种信念和使命,要自觉把做官、做人、做事统一起来,强化宗旨意识,不断提升自己的修养,谨慎用权,增强为民服务、为党分忧的责任感,勿忘初心,做一个人民拥护的好干部。

---

① 周长安等编著:《焦裕禄在兰考的475天》,中州古籍出版社2014年版,第164页。

3. 乐于奉献

焦裕禄的一生清正廉洁、无私奉献，不图名，不图利，为了党和人民的事业鞠躬尽瘁死而后已，将自己的一生都献给了党，献给了人民，用自己的实际行动践履了党的先进性和纯洁性。1963 年 2 月，焦裕禄的老战友、开封地委监察员王殿英，因工作来到兰考，看到焦裕禄时，他正左手捂着肝部，身体略向前倾，脸枯瘦、蜡黄，于是便询问焦裕禄的身体状况，并劝他休息。焦裕禄回答说："党派我到这个灾区工作，在这种情况下，我能放心吗？病是小事，工作才是主要的，说实话，在家我也坐不住。"当有人提出改善办公条件的时候，他严肃地告诫大家："坐在破椅子上就不能革命吗？""灾区面貌没有改变，还大量吃着国家的统销粮，群众生活很困难。富丽堂皇的事，不但不能做，就是连想也很危险。"①焦裕禄用自己的实际行动体现了一个共产党员的崇高理想和境界。

无私奉献是焦裕禄的为政本色。焦裕禄的一生是对党忠诚、无私奉献的一生。焦裕禄时刻坚守着自己的工作岗位，面向基层、面向群众，扑下身子，深入实际进行调查研究，倾听群众的意见和心声，宣传和落实党的各项政策。就是在生命的最后时刻，他还拉着看望他的省委、地委领导的手说："我没有能很好地完成党交给的任务，没实现兰考人民的要求，我心里感到难过。"②

无私奉献，是共产党员的优秀品质，也是我们党的立党之基、执政之基。党章要求，党员要坚持党和人民的利益高于一切，个人利益

① 周长安等编著：《焦裕禄在兰考的 475 天》，中州古籍出版社 2014 年版，第 192 页。

② 周长安等编著：《焦裕禄在兰考的 475 天》，中州古籍出版社 2014 年版，第 178 页。

焦裕禄的办公室（兰考焦裕禄同志纪念馆供图）

服从党和人民的利益，吃苦在前，享受在后，克己奉公，多作贡献。正是千千万万党员英模的无私奉献，才铸就了中国共产党的光辉历程。当前，广大党员处在一个更加复杂、开放、多变的环境中，面临各种意识形态、价值观念和思想文化的冲击，唯有矢志不渝地坚持讲奉献、有作为，牢固树立正确的权力观，才能保持党风正、民心顺，才能让党员干部始终坚持为民宗旨，源源不断地获得力量之源，筑牢执政之基。

二、焦裕禄党性修养的特点

忠诚于党、忘我奋进、严于修身是焦裕禄党性修养的鲜明特点。学习弘扬焦裕禄精神，党员干部要自觉把党性修养作为终身必修课，让优良的党性品格成为最鲜明的政治品格。

（一）忠诚于党，有坚定信仰

天下至德，莫大于忠。忠者中也，就是持中不偏废，是忠于、持守；诚者信也，就是信仰、信任。忠诚，就是心之坚定，在任何时候，都能坚定笃行；就是中之守正，在任何情况下，都坚守公道、正义。

焦裕禄之所以能为党和人民的事业鞠躬尽瘁，就是因为他始终秉承着“忠诚”二字，始终对党、对人民忠心耿耿。焦裕禄的公仆情怀、求实作风、奋斗精神、高尚情操，无一不源于共产党人的忠诚，源于共产党人坚定的信仰、纯洁的党性。学习弘扬焦裕禄精神，就要把锤炼党性作为一项基础工程，以坚定的信仰永葆党性，以优良的作风锤炼党性，以高尚的人格塑造党性，在复杂环境中固本培元，在明辨是非中返璞归真，始终在思想上、行动上与党中央保持高度一致，始终忠诚于党、忠诚于人民、忠诚于祖国，仔细经营好自己的精神家园，做一个心地纯洁的党员干部。

忠诚于党是中国共产党人的优秀政治品格。党和人民的事业就是靠千千万万党员的忠诚不断铸就的。习近平总书记指出，全党同志要强化党的意识，牢记自己的第一身份是共产党员，第一职责是为党工作，做到忠诚于组织，任何时候都与党同心同德。新时代，广大党员干部必须时刻牢记自己是党的队伍中的一员，把对党绝对忠诚作为基本政治素养，遵守党的章程、践行党的宗旨、严守党的纪律、维护党的形象。忠诚于党也是忠诚于自己的信仰，信仰认定了就要信上一辈子。每一名党员都要绝对忠诚，加强政治锤炼，不为挫折所困，不为浮躁所扰，不为物欲所累，始终坚定信仰，永远热爱党、拥护党、相信党、依靠党、服从党。

（二）忘我奋进，达崇高境界

“敢教日月换新天”“革命者要在困难面前逞英雄”的奋斗精神是焦裕禄精神的精髓。焦裕禄在工作中经常达到忘我的境界。他的办公室里有一把藤椅，每当工作起来肝疼难忍的时候，他就拿硬物顶住自己的肝部止疼，久而久之，藤椅的一侧被硬生生顶出了一个大窟窿。就算这样，焦裕禄一刻也不放松治理兰考“三害”的脚步，他忘我的工作境界是常人难以想象和企及的。在生命的最后几天，肝疼越发难忍，可他坚持不吃止疼药，要把药留给更需要的人。弥留之际，焦裕禄躺在医院的病床上，心里依然惦记着兰考的百姓，他叫人带来一把麦穗，他要亲自看看兰考的治灾情况。

焦裕禄生前坐过的藤椅（兰考焦裕禄同志纪念馆供图）

拼搏奋进是我们党的政治本色，是我们党在长期的革命、建设过程中形成的优良传统和作风，始终是我们党的传家宝。我们党是靠拼搏奋进建立起来的，也是靠拼搏奋进不断发展壮大起来的，在革命年代面对异常恶劣的外部环境，我们党靠拼搏奋进起家。1936 年美国作家斯诺到延安采访，从毛泽东住窑洞、周恩来睡土炕等平凡小事上，洞察出共产党以拼搏奋进的延安作风打败西安作风的奥秘，并称之为“兴国之光”“东方魔力”。革命战争年代的井冈山精神、延安精神、西柏坡精神无一不彰显出拼搏奋进精神。随着革命事业的不断发展壮大，我们党不仅获得了政权，而且进入了社会主义建设时期，拼搏奋进精神依然是兴业之本、创业之基、强业之路。一部中国共产党党史就是一部拼搏奋进史。

当下，一些党员干部失掉了拼搏奋进的作风，总想一鸣惊人、一举成名，在工作中不切实际、脱离群众，甚至坠入贪污腐化的深渊。这与焦裕禄拼搏奋进的精神是背道而驰的，也是值得深思与反省的。党员干部要对照焦裕禄，把焦裕禄当镜子照一照，把焦裕禄当标杆比一比，自觉把拼搏奋进的优良作风传承起来，切切实实扛起肩上的责任与担当，真正为了人民的事业奋斗终生。

（三）严于修身，有坚强定力

“修身”一词最早出现在《墨子 · 非儒》篇，“远施周偏，近以修身”。《大学》中这样说：“古之欲明明德于天下者，先治其国。欲治其国者，先齐其家。欲齐其家者，先修其身。欲修其身者，先致其知，致知在格物。”《论语 · 宪问》篇提出“修己以敬”“修己以安人”“修己以安百姓”，其中的“修己”就是修身，就是指通过完善自己达到齐家、治国、平天下的目的。党员干部的修身关乎高素质干部队伍的建设，是关乎社会治理的大学问、大智慧。

焦裕禄是严于修身的典范。他严格要求自己，不占公家一分钱

焦裕禄穿过的衣物(兰考焦裕禄同志纪念馆供图)

便宜,更是严格要求家属、亲戚和身边工作人员。焦裕禄的衣物、被子都是缝了又缝、补了又补,妻子徐俊雅总想给他换件新的,他却说:"现在兰考遭灾,群众生活很苦,跟群众相比,咱穿的就不错了。比我要饭时披麻包片,住房檐底下避雪那会儿强多啦!"①焦裕禄有正确的权力观、金钱观,时刻将党的戒律放在心头,从没有用手中的权力去谋取私利,没有为自己、子女和亲戚谋取好处,将那些送上门的、递到手的各种好处全部拒之门外,保持了一个共产党员的高风亮节。焦裕禄的这种境界充分体现了一个共产党员严以修身的道德情操和家国情怀。

严以修身并非单纯响亮的政治口号,也不是冠冕堂皇的政治托辞,它既是中华优秀传统文化的精髓所在,也是古代先贤为人处世的

① 周长安等编著:《焦裕禄在兰考的475天》,中州古籍出版社2014年版,第164页。

智慧操守,更是我党一贯的优良作风。在文化活跃、思想多元、充满诱惑的当今社会,“严以修身”理应成为党员领导干部为官做事的优秀品质和良好习惯。

三、焦裕禄党性修养的启示

从焦裕禄坚定的党性修养中,我们可以得到启示,即坚持党性和人民性的统一、改造主观与改造客观的统一、理性自觉与行动自觉的统一。

(一)党性和人民性的统一

焦裕禄精神的突出特征,在于他做到了党性和人民性的统一。在工作中,焦裕禄坚持深入实际,调查研究,不生搬硬套上级政策,认为“吃别人嚼过的馍没味道”。无论遇到什么困难,他都满怀激情、冲锋在前,为党和人民的事业无私奉献,倾注了毕生精力。

能否坚守人民性并始终如一地去履行,这是检验一名共产党员先进性是否过硬的基本尺度。焦裕禄以自己为人民服务的实际行动在群众心目中树起了一座巍巍丰碑。而在市场经济条件下,一些人却丧失了对腐朽思想的警惕和免疫力,甚至滑入犯罪的深渊。这两者之间的差别,绝不仅仅是认识能力、工作能力的差异,从根本上说是源于党性、人民性观念和人生观、价值观上的分野。党员干部应当像焦裕禄那样,牢固树立为人民服务的公仆意识,时时处处想着人民,一心一意为了人民,真诚地追求和实践人民利益高于一切的价值观。这是共产党员、领导干部必须具有的人格品质,也是最基本的要求。

坚持党性和人民性相统一，将焦裕禄精神落实到工作实践中。从本质上说，坚持党性就是坚持人民性，坚持人民性就是坚持党性，党性寓于人民性之中，没有脱离人民性的党性，也没有脱离党性的人民性。向焦裕禄学习，坚持党性和人民性相统一，永葆共产党员先进性，要牢固树立宗旨意识，用实际行动践行立党为公、执政为民；牢固树立群众观点，注意倾听群众呼声，为群众诚心诚意办实事，尽心竭力解难题，坚持不懈做好事；树立正确的权力观，切实转变领导作风和工作作风。

（二）改造客观与改造主观的统一

人们改造世界的实践活动，是“主观见之于客观的东西”，是人类特有的自觉能动地变革现实的活动。而要能动地有效地变革现实，就需要使主观符合客观，使主观和客观达到“具体的历史的统一”。然而，一方面由于客观世界是极其复杂的，并且是不断发展的，另一方面由于人的认识受许多社会条件的限制，主观与客观二者之间经常存在着矛盾，常常不相一致。主观不符合客观，脱离了客观，就会导致实践的失败，就达不到改造世界的目的，对自然界的斗争是这样，对社会的斗争也是这样，一项平凡的工作是如此，一场伟大的革命更是如此。我党历史上各种主观主义思潮所造成的严重危害都以血的教训证明了这一点。然而，主观和客观的矛盾又是可以在人类的实践过程中逐步得到解决的，二者的不相一致是可以逐步接近缩小和得到克服的。这就要求我们在改造客观世界的同时，自觉地改造主观世界，提高认识能力和思想水平，使主观与客观实现具体的历史的统一。

焦裕禄是坚持改造主观与改造客观相统一的典型代表。改造主观方面，他坚持学习马克思列宁主义，学习毛泽东思想，学习党的理论，自觉把工作中遇到的问题同毛泽东思想进行深度对照，经常用“过电影”方式来反思自己的工作，以此不断提升自己干工作的本领和能力，不断提升自己的思想觉悟。改造客观方面，焦裕禄面对兰考“三害”，不惧怕、顶着干，在自然灾难面前敢想敢干，亲自带领干部群众涉洪水、追流沙、探盐碱。焦裕禄坚信能够通过主观努力改变兰考积贫积弱的客观面貌，自觉把改造主观与改造客观结合起来，在治理兰考“三害”中发挥了关键作用。

（三）理性自觉与行动自觉的统一

实现理性自觉，就是要加强学习，从灵魂深处树立正确的世界观、人生观、价值观和权力观，从思想深处认清自身存在的问题，筑牢思想根基。实现行动自觉，就是要把握实践要求，自觉做到身体力行推动工作、转变作风。

焦裕禄在工作中做到了坚持理性自觉与行动自觉相统一。焦裕禄来到兰考，首先对兰考面临的情况进行了摸查。在兰考火车站，面对成千上万的群众准备外出逃荒要饭的情形，焦裕禄意识到，兰考的困难远比他想象的还要严重。通过实地下乡调查研究，焦裕禄对兰考的灾害情况有了进一步的认识，并立下了“不改变兰考面貌，绝不离开这里”的铮铮誓言。这是焦裕禄理性自觉的表现。对“三害”有了清楚的认识后，接下来就是干。他带着除“三害”工作队，“掂清了兰考‘三害’的分量”，谱写了一曲曲与“三害”斗争的壮美赞歌。这是焦裕禄行动自觉的表现。

党员干部实现理性自觉与行动自觉有机统一，要在三个方面下功夫：一是要在“融合”上下功夫。切实把“两个自觉”内化于心、外化于行，实现有机融合。防止思想认识上有高度，行动自觉上有落差。要把增加理性自觉与增强行动自觉放在同等重要的位置，做到思想与行动高度统一。二是要在“转化”上下功夫。切实把理性自觉的认识及时转化为行动自觉的实践。思想层面认识再到位、再深刻，行动跟不上，就谈不上有成效、有收获。落实要求，前提是认识到位，核心是身体力行，要边提高认识边付诸实践，做到思想认识提升到哪里，践行的高度就跟进到哪里。三是要在“同向”上下功夫。切实加深对内涵的正确理解与认识，保证思想先行，行动跟上。防止嘴上“讲”的与行动“做”的相背离、相脱节；防止谈体会、讲认识时夸夸其谈，而论工作、出思路时无所作为。要做到言行一致、知行合一，切实保持思想与行动上的同向。

第六章

焦裕禄精神与领导艺术

2003 年 9 月，时任浙江省委书记习近平在《要讲究领导艺术》一文中指出："一个高明的领导，讲究领导艺术，知关节，得要领，把握规律，掌握节奏，举重若轻。"①领导艺术，广义上是指领导者的人格魅力、智慧、学识、胆略、经验、作风、品格、方法和能力在领导实践中的具体体现。它是建立在一定的科学文化知识、理论修养、领导经验、思维能力基础上，创造性地运用领导科学、原则和方法所表现出来的高超技巧。焦裕禄在兰考工作的 475 天里，在带领兰考人民与肆虐已久的风沙、盐碱、内涝作斗争的过程中，表现出了高超的领导艺术。学习、借鉴焦裕禄的领导艺术，对于更好地把握政治方向，统筹全局，凝心聚力，增强领导艺术，提高工作效能具有重要意义。本章主要围绕焦裕禄领导艺术的体现、焦裕禄领导艺术的特点、焦裕禄

---

① 习近平：《之江新语》，浙江人民出版社 2007 年版，第 27 页。

领导艺术的启示三个方面来展开。

一、焦裕禄领导艺术的体现

焦裕禄的领导艺术是焦裕禄在开展县域治理工作、解决实际问题时所展现出的技巧、才能和智慧，是焦裕禄对领导工作方法的创造性运用。

（一）科学调研善决策

决策是整个领导过程中的中心环节。领导活动的成败很大程度上取决于领导决策的正确与否，因此，它具有“生死之地，存亡之道”的重要地位。决策失误，是最大的失误。决策是领导的主要功能，是领导之所以为领导的主要体现。要做到科学决策，关键在于多谋善断。多谋，就是通过调查研究、思考分析，找到办法。善断，就是要善于从“多谋”中选择正确而满意的方案。

1. 一切从实际出发

发现问题并做出正确的决策并不容易，首先要对决策的问题有全面的了解，这就需要一切从实际出发，掌握最真实的情况。毛泽东强调，没有调查就没有发言权。焦裕禄的领导工作也充分体现了共产党员脚踏实地的求实精神和尊重客观规律的科学态度。

“吃别人嚼过的馍没味道”和“蹲下去才能看到蚂蚁，深入下去才能发现问题”这两句话体现了焦裕禄的工作方法。他指出，干部不能总是坐在办公室里听汇报、看报表，听来的东西，主观、失真。只有走出办公室，到群众中去，才能掌握真实材料、了解民情民意。要根治兰考的“三害”，就要亲手掂一掂它的分量。只有经过调查研究，获取“三害”的第一手资料，才能作出正确的判断和部署。焦裕禄通过三个多月的大规模调研，彻底摸清了兰考“三害”的规律，掌握了“三害”的“家底”，并为制定切实可行的改造规划，奠定了坚实的基础。焦裕禄主持起草的一系列治理“三害”的方案，就是他在深入科学调研的基础上，坚持一切从实际出发的具体实施。

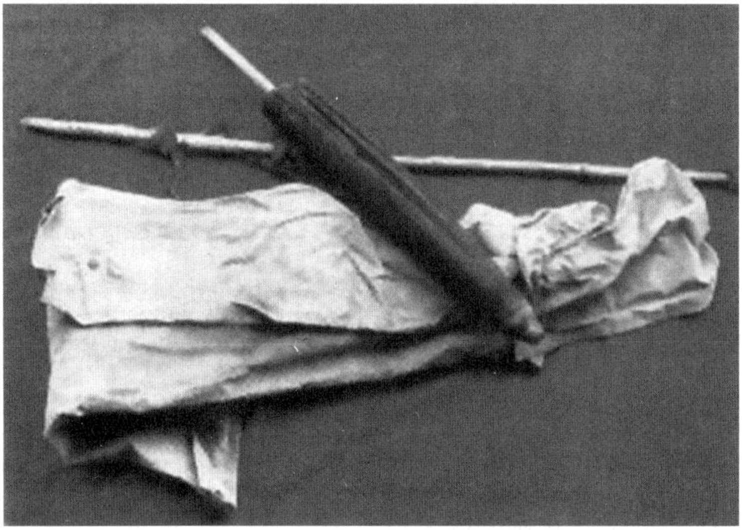

焦裕禄生前查水涝时使用过的雨具(兰考焦裕禄同志纪念馆供图)

2. 善抓主要矛盾

毛泽东在《矛盾论》中写道：“一切事物中包含的矛盾方面的相互依赖和相互斗争，决定一切事物的生命，推动一切事物的发展。没有什么事物是不包含矛盾的，没有矛盾就没有世界。”①矛盾是普遍的、绝对的，存在于事物发展的一切过程中，又贯串于一切过程的始终。在复杂事物自身包含的多种矛盾中，每种矛盾所处的地位、对事

① 《毛泽东选集》第一卷，人民出版社 1991 年版，第 305 页。

物发展所起的作用是不同的，总有主次、重要非重要之分，其中必有一种矛盾与其他诸种矛盾相比较而言，处于支配地位，对事物发展起决定作用，这种矛盾就叫作主要矛盾。这就要求领导干部要善于抓工作中的主要矛盾。

作为县委书记，焦裕禄善于抓主要矛盾和矛盾的主要方面进行决策。党的八届十中全会后，全党把抓“阶级斗争”放在突出地位。焦裕禄没有到兰考之前，县委的领导干部也把“阶级斗争”当作主要任务来做。焦裕禄到达兰考之后，他发现兰考的众多矛盾之中，严重的自然灾害和人民群众生存之间的矛盾才是主要矛盾。在这对矛盾中，自然灾害是矛盾的主要方面，“三害”不除，兰考的百姓就没有饭吃。因此，焦裕禄就紧紧抓住治理风沙、盐碱和内涝这个“牛鼻子”，起草《关于坚决护好、造好林，从根本上改变兰考面貌的意见》，展现了坚决治理“三害”的勇气。

3. 狠抓落实求实效

组织实施决策的过程就是抓落实的过程。会不会抓落实，不仅是一个领导干部的作风问题，也是一个执政能力的问题。毛泽东同志在《党委会的工作方法》一文中指出：“什么东西只有抓得很紧，毫不放松，才能抓住。”①

焦裕禄治理“三害”的决策形成后，如何当好决策权威的维护者和执行者，如何创造性地开展工作，抓落实就成为头等大事。首先，他注重总揽全局、协调各方，最广泛地调动一切积极因素，形成合力抓落实。焦裕禄在检查劝阻人口外流工作后，提议县委成立除“三害”领导小组，下设办公室，各公社党委也建立相应的组织。其次，

① 《毛泽东选集》第四卷，人民出版社 1991 年版，第 1442 页。

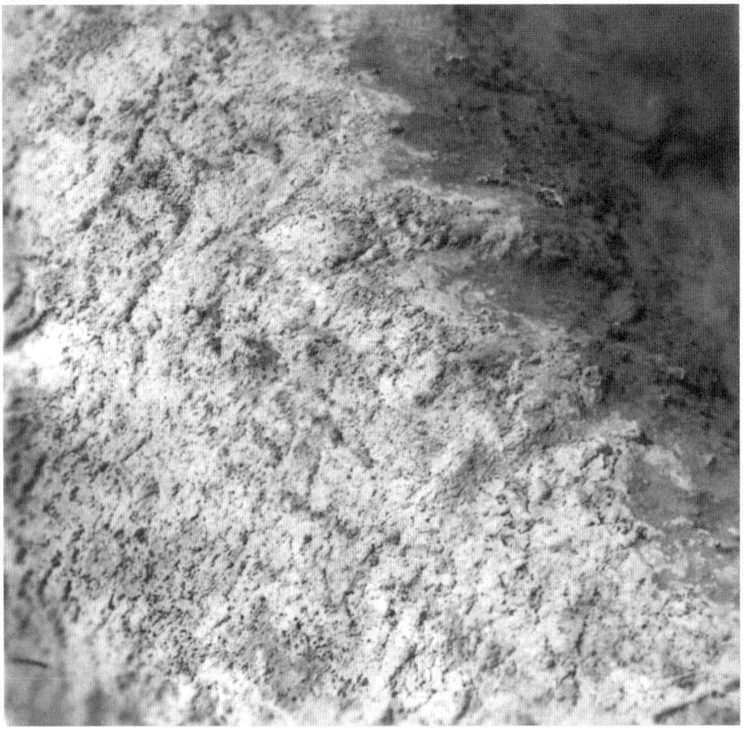

盐碱地土质原貌（兰考焦裕禄同志纪念馆供图）

为了实现蓝图，他注重加强对下级的督促，抓好落实。焦裕禄经常到各个公社大队去调研检查，督导落实。遗憾的是，蓝图已绘制，焦裕禄却壮志未酬身先死。“感谢党对我的关怀，我没能完成党交给我的任务，没有实现兰考人民的愿望，我对不起党，对不起兰考人民！”“我死后不要为我多花钱，省下来支援灾区……我活着没有治好兰考的沙丘……死后……希望组织把我运回兰考……埋在沙丘下……看着兰考人民把沙丘治好。”[①]回顾焦裕禄临终前的这些肺腑之言，人们依然感慨万千。这是一种责任担当，是一种为民情怀，也是一种

① 焦守云：《我的父亲焦裕禄》，人民日报出版社2016年版，第205页。

即将成熟的庄稼受淹(兰考焦裕禄同志纪念馆供图)

督促和落实。

(二)带好班子抓队伍

毛泽东在党的七届二中全会上系统阐述了党委会的工作方法并将其概括为12条。其中第一条,就是党委书记要善于当“班长”。

1. 用核心价值统领一切

历史已经证明,毛泽东缔造了世界上最有献身精神、最有凝聚力的军队。红军经过长征到达陕北时,装备极差,营养不良,衣服破烂,跟叫花子一样。但是,就是这样的一支军队,却打败了张学良装备精良的部队。后来张学良感慨地说,这样的红军走了两万五千里,一支疲惫之师，还能把我的部队打败。走了两万五千里，还愿意跟着你走，并且还能打胜仗，谁能把部队带成这个样子呢？其实，早在井冈山革命斗争时期，由于工农红军来源复杂，军心并不稳。为了帮助工农红军提高阶级觉悟，明确革命目标，毛泽东在建军之初，就确立了工农红军的宗旨，后来在《论联合政府》一文中，对这支军队作出了经典概括："这支军队之所以有力量，是因为所有参加这支军队的人，都具有自觉的纪律；他们不是为着少数人的或狭隘集团的私利，而是为着广大人民群众的利益，为着全民族的利益，而结合，而战斗的。紧紧地和中国人民站在一起，全心全意地为中国人民服务，就是这个军队的唯一的宗旨。"①

在兰考，由于连年严重的自然灾害，百姓生活困苦。吃不饱、穿不暖，越来越多的兰考百姓，开始外出逃荒要饭，留在家的人，收成很低，粮食不够吃，只能靠挖树根、啃树皮、吃野菜维持生计。这种情况，也使得兰考县委的干部们工作很难开展，工作环境差，还出不了政绩。兰考县内的干部争着往外调动，县外的干部不愿意到兰考工作，认为灾区栽干部、容易犯错误。

在1962年"七千人大会"闭幕之后，国家决定放慢工业建设，加强农业建设。在这样的背景下，开封地委着手选派干部到兰考这个农业重灾县，加强领导工作。据时任开封地委书记张申回忆，最初组织部门也考虑过好几个同志到兰考，但是都因各种理由没去，再加上1962年兰考的灾情十分严重，使得张申为此更加焦虑。这时他突然想起了焦裕禄。淮海战役期间，后方组织群众支援前线时，张申曾经和焦裕禄一起工作过，是焦裕禄的领导，对他的素质和能力已有所了

---

① 《毛泽东选集》第三卷，人民出版社1991年版，第1039页。

解。1962 年 12 月初,张申找到了焦裕禄,代表组织和他谈话,并向他传达了组织上的决定。当时张申明确地告诉焦裕禄,兰考是个困难县,要他有充分的思想准备,而焦裕禄却毅然决然地说:“感谢党把我派到最困难的地方,越是困难越是能锻炼人,请组织放心,不改变兰考面貌,我决不离开那里。”

从外地运往兰考的救灾物资(兰考焦裕禄同志纪念馆供图)

到兰考工作后,为了加强班子建设,统一干部思想,焦裕禄还组织县委一班人学习《为人民服务》《纪念白求恩》《愚公移山》等文章,带领大家一起回忆兰考的革命历史。这一系列的思想教育,使县委干部们提高了认识,增强了战胜困难的决心和信心。

2. 解决思想问题与解决实际问题相结合

一般来讲,人有两种需要,一是物质方面的,二是精神方面的。任何一种需要得不到满足,就会影响工作积极性,影响战斗力。如果只讲大道理,不解决实际问题,思想工作就成了“无根之木,无源之水”。毛泽东说，我们必须弄饭吃，我们必须注意经济工作。离开经济工作而谈教育或学习，不过是多余的空话。

焦裕禄非常关心干部。县委一位负责同志在乡下患病，焦裕禄几次打电话，要他回来休息。组织部一位同志患慢性疾病，焦裕禄不给他分配工作，要他安心疗养。财委一位同志患病，焦裕禄多次催他到医院检查。魏鉴章和朱礼楚两名大学生来自南方，得知他们吃不上大米时，就想方设法凑了些大米亲自给他们送过去。有些干部口粮不够吃，患浮肿病，他顶着“粮食统购统销”的政策压力，让人去粮食丰收的邻县购买高价粮，为生活困难的干部每人补贴50斤粮食。

3. 团结那些和自己意见不同的同志一道工作

毛泽东说，我们都是从五湖四海汇集聚拢来的，我们不仅要善于团结和自己意见相同的同志，而且要善于团结和自己意见不同的同志一道工作。事实上，领导班子、干部队伍思想不同、观点不同、作风不同，相互之间也有矛盾，这也正常，关键看怎么团结合作。焦裕禄到尉氏任职时，县委第一书记是夏凤鸣，薛德华是第二书记兼县长，开封地委的组织介绍信上写着“焦裕禄同志任中共尉氏县委副书记（名列薛德华同志之前）”，夏凤鸣诙谐地说：“焦裕禄是尉氏县的‘1.5书记’。”

面对“1.5书记”这个看似有点尴尬的位置，焦裕禄处理得恰到好处，他凡事不自作主张、不独断专行。无论什么时候，焦裕禄都和薛德华搞好协作关系，互相配合。薛德华也非常尊重这位排名于自己之前的副书记，拥护上级的这次特殊的人事安排。“1.5书记”被尉氏、开封传为佳话。夏凤鸣书记后来撰文说，焦裕禄到哪儿都是闪闪发光的人。

（三）发动群众鼓干劲

1. 群众路线是制胜法宝

群众路线是团结人民战胜一切困难的法宝。淮海战役前，解放军兵力是60万人，蒋介石的军队为80万人。但是几个月以后，却以解放军歼敌55万人取得了彻底胜利，被认为是世界战争史上的奇迹。解放军胜利的原因固然是多方面的，但是人民群众的大力支援是重要因素之一。据统计，淮海战役的支前规模空前绝后，参战民工达540万人。陈毅元帅动情地说，“淮海战役的胜利，是人民群众用小车推出来的”。当时在推小车的几百万人之中，就有焦裕禄。

焦裕禄能够深刻认识到群众的困苦，同时也深刻认识到群众的力量，因此他心系群众，总是在群众最需要的时候出现在群众面前，解决群众最迫切的问题。1963年春耕没种子的时候，他想办法给群众找来种子；夏秋内涝的时候，他带领群众开挖排水渠；农业发展不起来的时候，他鼓励群众发展副业，因地制宜，农林牧副渔总有一样适合兰考的发展。不管在什么时候，焦裕禄总是从群众利益出发，想群众之所想，急群众之所急，时刻将人民群众的利益和需要当作工作的指南针。大雪天他担心群众没有吃的，没有柴烧，害怕房子会被雪压塌，牲口会被冻死，等等。群众的一切琐碎小事，焦裕禄都特别关注。在1934年召开的第二次全国苏维埃代表大会上，毛泽东明确指出：“我们对于广大群众的切身利益问题，群众的生活问题，就一点也不能疏忽，一点也不能看轻。”“解决群众的穿衣问题，吃饭问题，住房问题，柴米油盐问题，疾病卫生问题，婚姻问题。总之，一切群众的实际生活问题，都是我们应当注意的问题。”①在关心群众生活、做

---

① 《毛泽东选集》第一卷，人民出版社1991年版，第136—137页。

好群众工作方面,焦裕禄完全做到了毛泽东对干部的要求。也正是焦裕禄对人民这种深厚、质朴的情怀,才使他唤醒了兰考群众战天斗地的斗志,成就了他敢教日月换新天的伟大壮举。

2. 以工代赈政策引领

领导要调动大家的积极性,就要学会如何去激励下属。在兰考除"三害"过程中,焦裕禄深知群众是除"三害"的主力军,要根治"三害",就必须发动群众。为了发动群众,焦裕禄采用了一个非常好的方法,就是以工代赈。当年,焦裕禄为了充分调动群众治理"三害"的积极性,把国家发放的救济粮款挤出一部分,用于补贴参加除"三害"的群众,让他们获得劳动报酬,让农民在治理"三害"的生产活动中切切实实地得到一些看得见的实惠,直接增加收入。规定只要是除"三害"的群众都会发补贴。这个政策让兰考的老百姓特别高兴,群众吃饭问题解决了,大家也就不会轻易出去要饭。关键是,这个政策把在外面要饭的群众也"叫"回来了,这就是当时老百姓口中的"叫人政策"。焦裕禄巧妙地把国家的救济和救灾生产结合在一起,不仅将外出逃荒要饭的群众大量吸引回来,同时大大激发了群众抗灾救灾的干劲。

3. 榜样示范激发斗志

榜样的力量是无穷的。毛泽东说过:"典型本身就是一种政治力量。""动人以言者,其感不深",如果只是停留于媒体上宣传、会议上动员、口头上说教,"正确的大道理"凌空蹈虚,如何让人感同身受?身教重于言传,具体强于抽象,"一个榜样胜过书上二十条教诲"。革命战争年代,大渡河十八勇士、董存瑞等英勇奋战、无畏牺牲的榜样精神,极大地激发了我军将士的斗志,将精神力量转化为强大的战斗力,夺取了一个又一个胜利。

1963 年,城关公社的社员们在封沙丘(兰考焦裕禄同志纪念馆供图)

焦裕禄特别善于树立榜样。用身边的事教育身边的人,往往能够产生春风化雨、润物无声的效果。在尉氏工作期间,焦裕禄就选树了一个妇女参加社会劳动的典型王小妹,从而鼓励广大妇女走出家门投身农业生产活动。在兰考人民与大自然艰苦斗争的过程中,也涌现出了非常多的不怕苦、不怕累、踏实肯干、积极乐观的妇女典型。其中,以赵垛楼大队孔令改等 4 个妇女为代表,焦裕禄在全县妇联会上对她们进行了表彰,号召全县妇女向她们学习。在兰考,有的群众对除“三害”积极性不高,甚至悲观,焦裕禄就亲自树立了“韩村的精神”“秦寨的决心”“赵垛楼的干劲”“双杨树的道路”四面旗帜。此外,焦裕禄还树立了许贡庄、南马庄五队等“硬骨头”队,表扬了“硬骨头”队长和“护林小英雄”等典型人物。这些积极向上、充满正能量的正面典型,对当时兰考人民有着巨大的激励作用。正是由于他善于树立榜样,善于发挥榜样身上蕴含的巨大精神力量,善于及时将选树的先进典型进行推广,大大增强了兰考人民战胜“三害”的信心和勇气,鼓舞了群众彻底根除“三害”的奋斗精神。

1963 年 8 月，双杨树村村民用兑粮食、鸡蛋和卖猪等方式筹钱购买牲口、种子，坚持走自力更生的道路，被焦裕禄称为“双杨树的道路”（兰考焦裕禄同志纪念馆供图）

（四）制度建设显优势

在领导活动中，制度问题更带有根本性、全局性、稳定性和长期性。对此，毛泽东分析指出，人是生活在制度之中，同样是那些人，实行这种制度，人们就不积极，实行另外一种制度，人们就积极起来了。可见，很多时候，解决制度问题比解决思想问题更重要，更带有根本性。焦裕禄以实际问题为导向制定制度，注重吸纳群众意见，废止不合理制度，维护制度权威，做执行制度的表率，对党绝对忠诚，在思想上、政治上、行动上坚如磐石。

1. 破除潜规则,废除不合理制度

潜规则是看不见的、没有明文规定的、约定俗成的,无局限性,却又是广泛认同、实际起作用的一种规则。1963 年临近春节,对困难职工各单位会发一些救济,当时焦裕禄看到福利救济名单上有他的名字,就找到机关支部书记问:“救济有什么条件吗?”支部书记回答:“家在灾区,生活困难,本人申请……”焦裕禄说:“我家不在灾区,本人又没申请,为什么有我?”“发放救济款,不仅仅是几个钱的问题,要把它当成一件政治任务去做。要教育干部,对生活上的困难,首先要依靠自己省吃俭用去解决。我们都有工资,不能两眼向上,坐等救济。”①在焦裕禄的带领下,其他 10 名同志也不要救济,后经机关福利委员会重新评定,重点照顾了 8 名比较困难的同志。

焦裕禄来到兰考后的第一个春节,就提议废止了给县委干部供应稀缺生活用品的“惯例”。春节前,县委办公室的一个同志给焦裕禄家里送去了几斤肉,焦裕禄奇怪地问是不是人人有份。办公室的同志解释,春节快到了,领导们忙得都顾不上买肉了,这是特意照顾几个领导的。当时焦裕禄就拒绝了,并强调说自己家的肉已经买好了,办公室谁没买肉就给谁。他还嘱咐这位同志,以后可不要再单独照顾领导了。焦裕禄这种抵制潜规则的做法,充分表现了一个共产党员严于律己的优秀品质。

2. 抵制特权思想,加强制度建设

特权,意味着主体可以针对某一客体采取其想采取的行为,主要指政治上、经济上在法律和制度之外的权力。焦裕禄到兰考任职不

① 周长安等编著:《焦裕禄在兰考的 475 天》,中州古籍出版社 2014 年版,第 31 页。

久，尉氏县委收到他邮寄来的137元汇款。原来，焦裕禄因为家里人多，生活紧张，曾向机关储金会借了137元现金。尉氏县机关福利部门决定用福利费替焦裕禄还清欠款，但他坚决不同意，并表示自己欠账自己还，不能占公家的便宜。到兰考后，一家人省吃俭用，最终还清欠款。1962年12月24日，焦裕禄在第一次主持召开的县委扩大会议上，就强调纠正干部中的特殊化，他指出："各级党委和各部门负责同志，要模范地执行党的纪律，带头发扬党的优良传统。生活不能特殊，家属也不能特殊，谁的家属都一样。还应该教育下边的干部要爱护领导，不能违犯（反）政策，给领导同志搞特殊待遇。""今后要恢复亲切、团结的'同志'称呼，进一步密切上下级之间和群众之间的联系。"①

焦裕禄到兰考之前，县里有个领导喜欢看戏，还总是带着老婆孩子一起看，戏院的第三排中间的位置，不管他去还是不去，都给他留着。有时候，他看戏去得晚了，戏班子就等着，他不来不开戏。因此，下面买票的群众就有意见。因为他是县委的领导，有意见也不行，又因为他老是坐在第三排，所以慢慢看戏的群众知道了，戏称这个书记是"老三排排长"。接着，焦裕禄就从焦国庆看"白戏"、"老三排"这些事情入手，制定出了严格管理干部的一系列规章制度。焦裕禄强调："作为一个共产党员、革命干部，不管其资历深浅、地位高低，都是人民的勤务员，绝不能凭借自己的地位捞取特权，更不能以功臣自居，为自己的享受开方便之门，或者给自己的亲友发放所谓关心他们的'优待券'。"

① 周长安等编著：《焦裕禄在兰考的475天》，中州古籍出版社2014年版，第20页。

3. 整治违法乱纪,严格执行制度

焦裕禄在兰考工作后不久,就多次下村调研、访贫问苦,听取群众意见,积极解决群众反映的问题。在他的带动下,群众也经常给县委相关部门来信来访,提建议、反映问题,包括反映干部队伍中出现的一些问题。

一天,焦裕禄在批阅群众来信时,一个公社的农民来县委揭发他们大队队长违法乱纪的行为。焦裕禄热情接待了他。经过了解,得知这个队长好吃好喝,一喝醉就不组织社员下地干活、耽误生产,前些天把公社的牛卖了还酒账,群众提意见他还打人,支书也不过问,这个事情在群众中影响很大。焦裕禄对群众反映的这个问题非常重视,决定开展实地调查。在走访中,这个大队的社员们纷纷反映:“谁家有红白喜事,这个酒肉队长不请自到;谁家来了客,他也厚着脸皮去陪客,社员也碍于面子不便说他;他还常赊账大吃大喝,用公款还账。”随后,焦裕禄召开社员大会,让大家说说这个队长的情况。这时酒肉队长来了,他矢口否认自己的所作所为。但面对群众的指责和诘问,他理屈词穷。焦裕禄愤慨地说:“你先把贪占了的公款退还,当一名社员吧,先学学怎么当一个好的老黄牛!”随后,要求公社党委和村党支部对酒肉队长严肃处理、公开通报,并严肃批评了该村支书。

“干部不领,水牛掉井。”焦裕禄行得正、坐得端,敢于惩治违纪干部,群众才将他视为自己的贴心人、引路人。党员干部是人民群众的公仆,必须践行全心全意为人民服务的宗旨,才能赢得群众的信任和拥戴。严管就是厚爱,严管体现了对干部负责,对党的事业负责,对群众的利益负责。

（五）语言艺术展特色

在长期的革命和工作实践中，焦裕禄不仅掌握了一整套科学有效的工作方法，还广泛汲取群众语言的精华，说百姓话，用百姓腔，他的顺口溜来得快、编得快、用得好，三句五句就能形象地表达出一个完整的意思，让人听得明白，记得牢固，常能起到意想不到的作用，这也是他领导艺术的鲜明特色。

1. 情深谊厚，真切感人

感人心者，莫先乎情。不管是对干部，还是对群众，焦裕禄讲话永远带着一种最真挚的感情。在他身上，体现出了一名共产党员对人民的关心和尊重。焦裕禄常说："我们不是百姓的父母，而是老百姓的儿子，还要做听人民群众话的孝子，我们不是为民做主，人民才是主，人民要自己做主人，我们就是长工，是给人民扛长活的。""共产党员要在群众最困难的时候，出现在群众面前，在群众最需要帮助的时候，去关心群众，帮助群众。""饿死人绝不是共产党的政策，让老百姓吃饱饭错不到哪里去，天大的事我一人承担！"焦裕禄讲话用情，不是客套，不是作秀，而是一种发自内心强烈的真实情感，是对普通百姓的深情厚谊。

2. 务实创新，指导性强

务实创新是讲话的生命。领导人的讲话和发言，如果不能做到这点，那就只能重复别人的话，或者讲"正确的废话"。焦裕禄的讲话和发言，总是能直面问题，善于总结，善于创新。比如，在栽树的问题上，焦裕禄教育干部要"先顾吃饭，后顾好看"。他还要求干部："重要文件不要委托秘书写，特别是讲话、作报告，更不要别人写好，自己在那里干巴巴地念。我的体会是：吃别人嚼过的馍没味道，还是自己做的饭菜香。”①他号召领导干部要学会总结材料。他在强调领导的作用时说:“没有抗灾的干部,就没有抗灾的群众。干部不领,水牛掉井。”关于干部领导方法和作风中存在的问题,他归纳为“十多十少”“五个跟不上”。“十多十少”:一般号召多,调查研究少;一般情况多,具体经验少;领导干部原则讲得多,具体办法少;干部讲得多,认真听取群众意见少;一揽子会议多,系统会议少;工作布置多,认真检查少;管理办法多,认真坚持下来的少;对当前生产着重说的多,认真制定规划、用规划指导生产的少;各行各业支援农村喊得多,具体行动少;死搬硬套的多,真正实事求是、因地制宜确定方针的少。“五个跟不上”:领导跟不上,思想跟不上,管理跟不上,政策跟不上,各部门支援农业跟不上。这些话,都没有华丽的辞藻,但却是焦裕禄讲话艺术的真实体现。

3. 质朴平实,通俗易懂

焦裕禄的语言不仅朴素,而且诙谐。焦裕禄治“三害”有一套方案,为此他编了这样一段顺口溜:“兰考有‘三害’,害咱兰考人;‘三害’不治理,兰考难翻身;立志治‘三害’,富咱兰考人;团结同奋斗,挖掉‘三害’根。”这段顺口溜通俗又生动地说出了治理“三害”问题的重要性。此外,在和山东曹县协商解决兰考南彰洪水排泄问题时,焦裕禄更是妙语连珠。他说:“兰考和曹县虽然是两个省,两个县,但根本不存在利益分歧。不论是华东局还是中南局,都应该服从社会主义全局;不论是山东省,还是河南省,都得实行多快好省;不论是菏泽专署,还是开封专署,都要执行团结治水的总部署;不论是曹县,

① 周长安等编著:《焦裕禄在兰考的475天》,中州古籍出版社2014年版,第80页。

还是兰考县,都是在党领导下的兄弟县。”大道至简,这是焦裕禄的说话艺术。

焦裕禄不仅善用顺口溜,他还擅长打比方。他用不要“撒胡椒面”来说明兰考的救灾工作不能搞平均主义。他用“过电影”来说明领导干部干工作要有思考,有主次,有取舍。要求干部下乡都要“带上本子,发现什么问题,立刻记下来,回去再对照毛主席著作想一想,找出解决的办法,总结出经验”。这就是焦裕禄独特的白天搞调查研究、晚上要“过电影”的工作方法。

二、焦裕禄领导艺术的特点

焦裕禄领导艺术的特点有多个方面,这里主要从三个方面来讲:一是原则性与创造性相结合,二是实践性与人民性相结合,三是马克思主义与中国优秀传统思想相结合。

(一)原则性与创造性相结合

从领导工作操作方式方法来讲,焦裕禄领导艺术体现了原则性与创造性相统一。原则性体现了焦裕禄作为领导干部在工作方法上、在政治上以及在个人作风上的原则。焦裕禄在政治上讲原则,坚决不搞独断专行,做决定时坚持民主协商的原则,不搞“一言堂”;此外,对于领导干部的贪污腐败,焦裕禄在处理时也坚持原则性,一点不留情面。1963 年 1 月 1 日,焦裕禄收到群众来信,反映城关区盆窑公社个别干部的问题。当天,焦裕禄就亲自到该公社调查,发现一些干部不执行按劳分配政策,有的严重贪污多占,甚至放高利贷、雇工剥削，损害集体利益，严重挫伤了群众的劳动积极性。他立即会同区、社党组织进行了认真处理。第二天，向全县发出《看盆窑公社部分党员干部的思想作风恶劣到何种程度》的通报，严厉批评："有少数人已经没有一点共产党员的气味了，他们的所作所为和过去的地主、保长无大差别，简直坏极了。"①并要求"结合社会主义教育运动，坚决搞好生产队的分配，认真解决和端正干部的作风"②。

焦裕禄领导艺术的创造性表现在，焦裕禄在工作中不墨守成规、不简单化、不机械化，体现了他源源不断的创造力。在洛阳矿山机器厂，仅用三个多月的时间，焦裕禄带领一金工车间的工人师傅们研制成功我国第一台2.5米大型卷扬机，填补了我国在该领域的空白。在兰考，他吸收群众智慧，推广各种方法，制定各种规划，治理"三害"；此外，他为发动群众，创造性地提出小片开荒等政策，极大地调动了群众治理"三害"的积极性。这些都是他创造性开展工作的表现。由此可见，焦裕禄能够在坚持原则的同时创造性地开展工作。

（二）实践性与人民性相结合

从领导的价值目标来讲，焦裕禄的领导艺术表现在实践性与人民性相结合。焦裕禄领导艺术的实践性体现于他在多岗位历练中凸显出的领导艺术。总体上讲，焦裕禄在不同时期展现了不同的领导才能。在山东，焦裕禄当过民兵，打过仗，在博山智退敌兵；在尉氏，三擒两纵土匪恶霸黄老三；在洛阳，是洛阳矿山机器厂建厂元勋，优

---

① 周长安等编著：《焦裕禄在兰考的475天》，中州古籍出版社2014年版，第25页。

② 周长安等编著：《焦裕禄在兰考的475天》，中州古籍出版社2014年版，第25页。

秀的车间主任;在兰考,他灵活运用了国家救灾物资,既救了灾,又叫回了人,还鼓舞了群众的干劲。同时,焦裕禄在工业领域9年的实践经验为他后来治理兰考的"三害"提供了科学的思路。他在工业管理方面的实践经验,一方面体现了他的领导艺术,另一方面也不断提升了他的领导才能。因此,实践性是焦裕禄领导艺术的一大特点。

焦裕禄领导艺术的人民性表现在他不是高高在上的领导干部,而是与人民群众融为一体的群众贴心人。在工作中坚持以人为本的原则,充分依靠人民开展工作。在尉氏,他剿匪反霸,是为了让老百姓不受地主恶霸的压迫;在兰考,他带领群众治"三害",是要彻底解决老百姓的吃饭问题,帮助老百姓过上好日子。可见,焦裕禄在工作中坚持贯彻全心全意为人民服务的宗旨,将实践性与人民性相结合,充分体现了他的领导艺术。

(三)马克思主义与中国优秀传统思想相结合

从领导艺术的内容来讲,焦裕禄的领导艺术还在于将马克思主义与中国优秀传统思想相结合。焦裕禄出生在山东省淄博市,这里是中国传统孝文化的发源地,焦裕禄从小就浸润在儒家文化的熏陶中,在南崮山小学读《三字经》《千字文》等儒家典籍,系统接受传统文化的教育。所以,焦裕禄在工作中,见到年长的群众就习惯性地喊"大娘""大爷"。随着年龄的增长、职务的提升,更是如此。在兰考县,风雪夜他到梁俊才老大爷家访贫问苦,对着老大爷,很自然地回答"我是您的儿子",完全发自内心,让老百姓感到无比亲切。而焦裕禄对老百姓的这种亲和力,恰恰来源于他从小接受的传统孝文化,体现了传统的民本思想,也生动地诠释了焦裕禄的领导艺术。

马克思主义认为,人民群众是历史的主体,是社会物质财富和精神财富的创造者,也是社会变革的决定力量,在人类社会发展中起着决定性作用。焦裕禄深受马克思主义和党的宗旨理念影响,他把这种道理内化于心,外化于行为,在工作中做到一切为了群众、一切依靠群众,从群众中来、到群众中去,是领导艺术最高的“道”。可见,马克思主义的人民观与中国传统文化的民本观本身相契合,焦裕禄将二者有机结合。

三、焦裕禄领导艺术的启示

回望50年多前,焦裕禄在县委书记岗位上的“为政之道”,从拍板作决策到铁腕反特权,从多方协调推进工作到鼓舞士气带好队伍,点滴往事透露出的圆融与求实、智慧与胆略,对今天的干部们仍有重要借鉴意义。

(一)提高政治站位

焦裕禄是在党的培养下一步一步成长起来的干部,旗帜鲜明讲政治是焦裕禄领导艺术最鲜明的特征。他对党忠诚,忠诚于党的信仰。焦裕禄牢记“我跟定共产党,要为解放全中国冲锋不止、战斗不息!我决心为实现共产主义,造福人类而吃苦在前、享受在后、奋斗一生”的誓言,为党的理想奋斗终生。他听党指挥,勇挑重担,勇担职责。焦裕禄相信组织、依靠组织、服从组织,党叫干啥就干啥。他意气风发、满腔热情,为官一任、造福一方。

曾有一段时间,有一些人,热衷于追求金钱,热衷短时利益,当谈论共产主义理想、马克思主义信仰时,表现出茫然、不屑,信奉“今朝有酒今朝醉”,信奉“有权不用过期作废”,等等。甚至还有个别人不能和党中央的方针政策保持高度一致。这些丧失党性、走向犯罪的党员干部,早已偏离了共产主义的世界观、人生观、价值观,更谈不上真正做到对马克思主义、对党的虔诚信仰。

提高政治站位,就是要把干好工作当成追求信仰的过程。习近平总书记说:“共产主义决不是‘土豆烧牛肉’那么简单,不可能唾手可得、一蹴而就,但我们不能因为实现共产主义理想是一个漫长的过程,就认为那是虚无缥缈的海市蜃楼,就不去做一个忠诚的共产党员。革命理想高于天。实现共产主义是我们共产党人的最高理想,而这个最高理想是需要一代又一代人接力奋斗的。”①要从现在做起、从自己做起。不能只想当官,不想干事,只想揽权不想担责,只想出彩不想出力。不能干一年、两年、三年还是涛声依旧,区域和部门发展面貌没有变化,每年都是重复昨天的故事。要有“功成不必在我,功成必定有我”的境界,绘制一张科学蓝图,跑好接力赛,一棒接着一棒干!

(二)增强战略思维

中国共产党历来高度重视战略思维。毛泽东强调,作为领导干部一定要有“战略头脑”。焦裕禄巧用空城计,抓捕恶霸,智斗地主,这些都是运用战略、展现战略思维能力的表现。到兰考谋全局、谋长远、善决策等都是战略思维能力的突出表现。焦裕禄在兰考虽然只有短短的475天,但他给兰考留下了《关于治沙、治碱、治水三五年的

---

① 习近平:《在与中央党校第一期县委书记研修班学员座谈时的讲话》,《学习时报》2015年9月7日。

初步设想》的战略规划。依据这个战略规划，兰考干部群众攻坚克难，加快了治理“三害”的步伐，奏响了“兰考人民多奇志，敢教日月换新天”的革命号角。

习近平总书记多次强调战略思维。2014 年 8 月，习近平在纪念邓小平同志诞辰 110 周年座谈会上深刻指出，“战略问题是一个政党、一个国家的根本性问题。战略上判断得准确，战略上谋划得科学，战略上赢得主动，党和人民事业就大有希望”①。习近平总书记是这样强调的，也是这样做的。曾经采访过习近平的记者周伟思说，“近平把战略眼光和务实精神结合起来，很了不起”。时任正定县委组织部部长王玉廷说：“习近平是正定永不卸任的县委书记。”在厦门，习近平总书记提出了“提升本岛，跨岛发展”战略，至今对厦门市制定五年规划还有借鉴作用。在宁德提出的观点和思路展现出高瞻远瞩的战略思维。在浙江制定了“八八战略”，从 2003 年起，浙江持续实施了这项战略规划，一张蓝图绘到底。

战略思维能力并不是与生俱来的，而是要掌握科学方法，经过长期训练和实践逐步形成的。提升战略思维能力，就是要以方法服务目的，着眼价值追求；就是要从全局把握局部，着眼战略整体；就是要统筹兼顾，着眼战略重点。

（三）培养语言艺术

焦裕禄是一个优秀的领导者，他特别擅长用语言去激发群众的热情，调动群众的干劲，使下属也满怀信心地跟他干。在困难面前、

① 习近平：《在纪念邓小平同志诞辰 110 周年座谈会上的讲话》，2014 年 8 月 10 日。

危急时刻,领导干部更需要用极具鼓舞性的语言去激发人们的热情,激励人们的斗志,坚定人们的意志。现实中,有个别领导干部热衷空话、套话、大话;有的领导干部口无遮拦,说话任性,“雷语”不断;还有的领导干部在关键场合噤若寒蝉,处于“失语”状态。这些现象表明当下领导干部语言表达能力亟待提高。培养语言艺术,是提升党员干部领导能力、增强领导效能的必修课。

培养语言艺术,一是要讲群众听得懂的话。习近平总书记的语言简洁到位、生动有力,比如“打老虎”“拍苍蝇”“把权力关进制度的笼子”“打铁还需自身硬”“踏石留印、抓铁有痕”等,既形象又深刻,非常接地气。

二是不要说错话、说套话。时下,一些干部经常会说“正确的废话”。所谓的正确,就是在道理上无可非议;所谓的废话,就是没有实际作用和指导价值。比如,评价起某个领导的讲话来,不少干部都会用“触动很大”“倍感振奋”“深受鼓舞”“深受启发”等公式化的词汇,而在群众看来,这样的话根本体现不出干部到底从中学到了什么东西,说了等于没说。可见,“正确的废话”华而不实、空洞乏味,令人生厌。这些话虽说是废话,至少还能保持正确。而说错话就会带来灾难。如某领导问记者:“你是为党说话,还是为老百姓说话?”直接把党和群众对立起来。再比如:“我是粗人,请文化素质高的记者理解。”某官员还曾说过:“没有强拆就没有新中国。”这些官员,雷语不断,轻则被训诫,重则被免职。

(四)坚持终身学习

领导艺术需要在不断的学习和实践中去领悟、去提升。坚持学习,善于学习,终身学习,对领导干部而言,是一件十分重要的事情。

但是,一谈到学习,一些领导常常又以公务繁忙为借口,把学习的问题束之高阁。

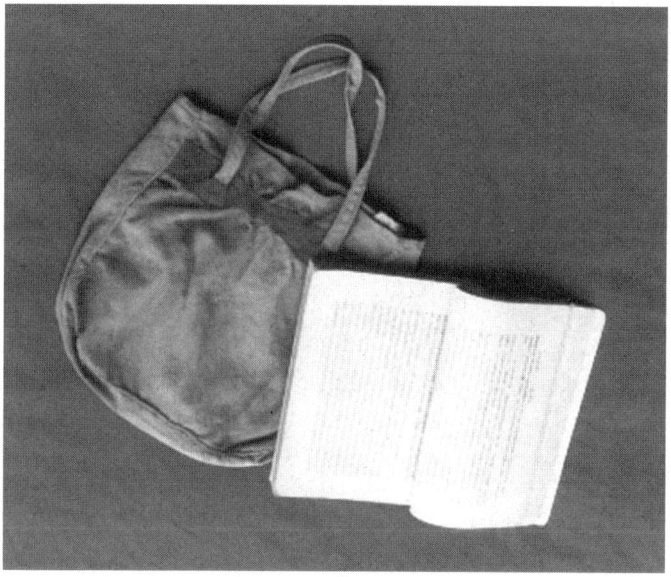

焦裕禄读过的《毛泽东选集》及用过的书包(兰考焦裕禄同志纪念馆供图)

社会在不断发展,时代在不断前进,新时代要有新气象新作为,作为领导干部,更要与时俱进,紧跟时代,引领时代。高新技术突飞猛进,知识创新层出不穷,要学习新知识,掌握新理论,进行新实践,实现新飞跃,活到老、学到老、改造到老,在改造客观世界的过程中不断改造主观世界,让学习伴随人生发展全过程。要善于培养学习乐趣。到学习的海洋里搏击风浪、大显身手,通过学习,汲取营养、吸收精华,辩证转化、为我所用,是人生的最大幸福、最大快乐、最大价值、最大追求。习惯形成乐趣,乐趣固化爱好,让学习充满幸福快乐的生活之中。焦裕禄在极其艰苦、极其繁忙的情况下,仍然挤时间学习、带领干部学习,并且有一套自己的学习方式:白天工作,晚上“过电影”,早上记笔记。在临终时,他的床头还放着《毛泽东选集》和《论共产党员的修养》。毛泽东嗜书如命,众人皆知。习近平总书记更是读书的楷模,苦读各种经典文本、名著名篇。在中央党校 2009 年春季开学典礼上,习近平明确要求领导干部要爱读书、读好书、善读书。因此,领导干部理应把读书当作工作和生活的一部分。

第七章

焦裕禄精神在兰考

作为焦裕禄精神的发源地和习近平总书记第二批党的群众路线教育实践活动的联系点，兰考县的每一步发展都汇聚着众多的关注。2014 年 3 月 18 日，习近平总书记视察兰考时，兰考县委向总书记郑重承诺：三年脱贫，七年小康。为完成这一目标，尽快实现焦裕禄老书记治穷的夙愿，兰考县委带领广大干部群众，以习近平新时代中国特色社会主义思想为指导，大力弘扬焦裕禄的“三股劲”，尽锐出战，攻坚克难。兰考县于 2017 年 2 月正式退出贫困县序列，全县经济社会实现了跨越式发展。脱贫后的兰考遵照总书记的嘱托，不止步不停步，在脱贫攻坚的良好基础上蓄势待发，瞄准更高目标，干在实处、走在前列，不断取得经济社会发展的良好成效，在县域治理能力和治理体系现代化方面蹚出了一条新路，构建了新时代县域经济高质量发展的“兰考方案”。

一、弘扬焦裕禄精神　贯彻落实习近平县域治理理论

党的十九届四中全会作出了“推进国家治理体系和治理能力现代化”的重大战略部署，它不仅是实现“中国之治”“中国善治”的本质要求，也为今后各级政府提高执政能力指明了目标方向，而县域治理则是推进国家治理体系和治理能力现代化的重要一环。2014 年 3 月至5 月，习近平总书记两次亲临开封、兰考，作出“深学细照笃行焦裕禄精神”、县域治理“三起来”、乡镇工作“三结合”等重要指示，给予了兰考人民极大的鼓舞和鞭策。针对兰考县域发展存在的新情况、新问题，他要求兰考“在县域改革中走出一条好路子”。近年，兰考以“把联系点建成示范点”为使命担当，以县域治理“三起来”、乡镇工作“三结合”要求为根本遵循，坚持以脱贫攻坚统领经济发展全局，在学思践悟焦裕禄精神上下功夫，实现了由“兰考之问”“兰考之干”到“兰考之变”的转变。

（一）提出“兰考之问”

2014 年 1 月，中央办公厅下发了《关于开展第二批党的群众路线教育实践活动的通知》，第二批党的群众路线教育实践活动正式开启，习近平总书记把兰考作为其第二批党的群众路线教育实践活动的联系点。3 月 17 日至 18 日，习近平总书记视察兰考。在座谈会上，他要求兰考县要“在确立标准、坚持标准上有一个好的探索和实践”。5 月 9 日，总书记再次视察兰考，在兰考县委常委班子专题民主生活会上，县委常委都进行了批评和自我批评。针对兰考的发

展症结，兰考县委主要负责人进行了自我反省："为什么守着焦裕禄精神这笔财富，50 年了经济仍比较落后，至今还戴着贫困县的帽子？为什么兰考集体上访、越级上访还那么多，社会矛盾大事小事不断？扪心自问，职责履行好了吗？"这就是"兰考之问"。

1. "兰考之问"，问出了人民的心声

兰考地处豫东平原，北临黄河，农业生产条件恶劣，常常是丰年吃不饱、灾年去逃荒，是远近闻名的贫地穷坑。1962 年冬天，焦裕禄到兰考工作后，带领全县人民战风沙、斗水灾、治盐碱，使兰考的生存环境和生产生活条件大为改观，为改变兰考贫困面貌打下了良好基础。但是，兰考的发展之路并不平坦，2002 年被确定为国家级扶贫开发重点县，2011 年被确定为大别山连片特困县，2014 年建档立卡时全县贫困村有 115 个，贫困人口 23275 户 77350 人，贫困发生率 10%。正是在这样的背景下，兰考县委发出了"兰考之问"。

当年，焦裕禄以俯首甘为孺子牛的公仆精神，强忍着病痛折磨，带领兰考县 36 万群众治理三大自然灾害，让兰考这个一直以来灾害肆虐的地方焕发出新的生机。然而 50 年过去了，兰考为什么还是没有摆脱贫困？"兰考之问"问出了压在人民心中已久的心声。

2. "兰考之问"，触及了干部的灵魂

"兰考之问"触及了兰考干部群众的灵魂，引起了兰考干部群众的深思。经过真刀真枪、辣味十足的民主生活会，县委常委们重新对自己的思想、工作、状态进行了审视，明白了"兰考之问"的内在原因：干部脱离群众，对焦裕禄精神领会不透、笃行不够。用时任兰考县委主要领导的话来说，就是群众意识淡薄了，把自己当成官了，没有心甘情愿当人民的"儿子"。这就是"兰考之问"产生的根本原因。"兰考之问"标志着兰考的党员干部在思想作风建设和工作干劲方面的深刻反省和蜕变。

在民主生活会后，兰考县委班子认真领会习近平总书记的谆谆教诲，再学焦裕禄事迹和精神，进一步转变思想、提高认识。针对班子对照检查出的问题以及会上提出的意见、建议，兰考县委认真梳理问题清单，逐项制定整改措施，研究确定了 6 个方面、42 个大项、111 个小项具体整改任务。建立责任台账、开门整改，坚持从严从实、立行立改，坚持走群众路线，关注民生、聚焦发展，以思想转变带动工作作风转变。县委常委们纷纷表示，要按照习近平总书记的要求，决心苦干实干拼命干，把中央精神和总书记指示落实到位，向老百姓交上一份满意的答卷。

（二）将县域治理“三起来”落到实处

兰考发展问题的根源找到以后，具体该怎么办？发展的道路又该怎么走？那就是要按照习近平总书记调研兰考时提出的“深学细照笃行焦裕禄精神”的要求，践行“把强县和富民统一起来，把改革和发展结合起来，把城镇和乡村贯通起来”的具体路径。县域治理“三起来”重大要求是习近平总书记对兰考发展的殷切期望和具体安排，为兰考脱贫摘帽、走向富裕之路指明了方向，也是当年焦书记心中的夙愿，更是全体兰考人民的期盼。在脱贫攻坚中，兰考以县域治理“三起来”的要求为指针开展工作。

1. 把强县和富民统一起来

习近平总书记指出，把强县和富民统一起来，要在发展路径选择和发展成果共享上有全面把握，既善于集中资源办大事、增强县域经济综合实力和竞争力，又注重激励城乡居民创业增收和勤劳致富、持续提高城乡居民生活水平。近年，兰考县扭住产业这个牛鼻子，在新旧动能转换的过程中，坚持产业集聚区、乡镇产业园、村集体经济联动，一手抓大项目招商，一手抓新兴产业培育发展，加快向价值链高端攀升，逐步培育出具有兰考特色的产业体系，进而带动群众就业、致富增收。目前城乡统筹，第一、第二、第三产业融合发展的产业布局已经基本形成。

在产业集聚区，主要以吸纳18—45岁的青壮年劳动力就业为目的，重点培育以恒大家居联盟产业园为龙头的品牌家居和以正大、禾丰为龙头的食品加工两个产业集群，同时大力发展战略性新兴产业，相继引进格林美、富士康、光大等行业龙头企业，为增强县域综合实力打下了坚实基础。

在镇区，主要以带动年龄在45—55岁的人群就业为目的，积极围绕主导产业引进配套企业，初步建成了6个乡镇特色产业园区，辐射带动群众创业就业。在村庄，主要以解决留守妇女和55岁以上年龄人群就业为目的，大力推进集龙头企业引领、规模养殖支撑、饲草种植配套于一体的畜牧产业化，同时按照“一村一品”原则，积极发展扶贫车间等产业，让更多群众在家门口就业。

通过构建较为完善的产业链体系，增强产业发展的区域竞争力，在增加税收的同时，逐步解决不同年龄人群的就业问题，支持有产业发展能力的群众发展产业，帮助没有产业发展能力的群众在产业发展中稳定就业，鼓励没有稳定就业能力的群众自强自立、勤劳增收，已经成为全县上下的发展共识。

2. 把改革和发展结合起来

习近平视察兰考时指出，“把兰考发展潜力转化为发展优势，根本靠改革。……要开动脑筋，打开大门，引进来、走出去，激活各类生产要素。充分运用省直管县的体制条件，精心运筹、大胆实践，在县域改革中走出一条好路子”。近年，兰考坚持解放思想，不断以改革的思维破除发展中的体制机制障碍，把发展潜力转化为发展优势。尤其是在脱贫攻坚的道路上，敢于创新，大胆尝试，大力发扬焦裕禄迎难而上的精神，探索出了一系列扶贫新模式、发展新路径、民生好举措，为打赢脱贫攻坚战提供了重要保障。

扶贫路上的舒心笑颜

改革扶贫资金使用管理机制。建立了“先拨付、后报账，村决策、乡统筹、县监督”的资金分配运行机制，将到户增收资金、支持肉鸭产业化发展专项资金全部下拨到乡镇(街道)，运用“四议两公开”的方法，村委自主决定实施项目。通过扶贫资金使用机制的改革，实现了从“等安排”到“拿主意”的转变，从“与己无关”到“以我为主”的转变，从“受益对象”到“业主”的转变。

改革教育、医疗帮扶机制。攻坚到最后，在未脱贫的人群中，一部分贫困家庭子女多、负担重，导致一些学生初中辍学，找不到稳定工作；一部分是因病致贫或因病返贫。为解决这些问题，在落实好国家和省级层面教育资助政策的基础上，兰考县根据自身财力，对未脱贫户在校小学生、初中生、高中生和中职中专、高职高专以上学生，每年给予不同的助学补助，杜绝贫困家庭的孩子因家庭负担重而辍学，从根本上阻断贫困代际传递。实施全民健康保险，实施“一站式”结算服务，全县贫困户实行先诊疗后付费，住院只需交纳自己应负担的费用，其余的费用由政府部门按规定解决。

又是一年丰收季（安家宁供图）

深化金融扶贫机制改革。脱贫攻坚工作中，兰考探索建立了政府主导、金融支持、企业发展的“三位一体”金融扶贫模式，由县财政出资设立风险补偿金，撬动银行贷款，支持企业发展扶贫产业，带动贫困群众就业，实现了政府、金融机构、企业、农户“四赢”。紧抓全国首个普惠金融改革试验区的机遇，加快建立大数据平台，推进信用全覆盖。近年，累计建成普惠金融服务站 218 个，累计发放各类扶贫贷款 6.27 亿元。同时，还创新融资模式，成立融资平台，不断争取资金，为城市基础设施建设、乡村道路建设等项目的顺利推进提供了有力的资金支持。

深化便民服务体制改革。2014 年以来,兰考县以“为党员群众办好事,让党员群众好办事”为目标,以县行政服务大厅、乡便民服务大厅、村党群服务中心“两大厅一中心”为平台,着力构建三级便民服务体系。整合群众工作办公室、社会治安综合治理办公室等部门资源,成立县、乡社情民意服务中心,实现了畅通诉求渠道,收集社情民意,党委、政府科学决策有机统一,把“有事找党委、政府”落在实处。

深化基层工作人员编制改革。在脱贫攻坚中,各单位业务骨干大都投身到了扶贫一线,社会管理力量不足成为普遍现象;同时由于多种原因,县直单位的自收自支人员和差供人员较多,工作积极性不高。从 2015 年开始,兰考采用考试和考核相结合的方法,面向事业单位差供和自筹编制人员,采取公开招聘的方式,892 人转为全供事业编制,全部安置在基层一线岗位。2018 年,又采取公开选派和招聘的方式,派遣 1254 人充实到乡镇一线综合执法、美丽乡村建设及城市综合管理等工作岗位。年度转编考核优秀的,纳入岗位所在单位、乡镇全供事业编制;年度考核不合格的,退回选派前的原单位。新旧岗位转换让这些职工焕发出空前的积极性,成为基层单位社会管理的中坚力量。同时,也加强了乡镇扶贫一线的工作力量。

3. 把城镇和乡村贯通起来

把城镇和乡村贯通起来,推进新型城镇化是抓手。要以城带乡、以乡促城,打破城乡分割的规划格局,实现县域一盘棋、城乡一体化发展;要推动城镇基础设施向农村延伸,城镇公共服务向农村覆盖,城镇现代文明向农村辐射;要推动人才下乡、资金下乡、技术下乡,让农村人口有序流动、产业有序集聚,形成城乡互动、良性循环的发展机制。

村村通、路路通（谭豫增供图）

坚持交通先行，不断优化城乡路网。脱贫攻坚中，兰考县在2015年到2016年两年累计完成交通基础设施投资7.9亿元，集中力量建设“乡村小康路”，突出重点建设干线“康庄大道”，创新发展旅游产业“特色致富路”，着力推动“对外开放路”。全县路网结构不断优化，产业廊道格局基本形成，公路交通运输对经济社会辐射带动作用日益显现。

坚持统筹规划，同步推进城乡发展。在主城区，以河南省百城建设提质工程为抓手，从2015年开始持续推进城市综合提升，通过“管理、改造、建设、教育”四条途径，不断加大水、电、气、路、网等市政基础设施建设，医疗卫生、文化体育、娱乐休闲等功能日益完善，城市管理水平和市民素质不断提升，一个美化绿化亮化、宜居宜业宜商的城市环境基本形成，同时吸纳了大量农村青年进城安家落户，进一步加快了城镇化进程。在中心镇，按照“绿、亮、净、美、畅”的标准，全面实施13个乡镇镇区综合提升改造，基本扭转了脏、乱、差的局面，城

兰阳湖（焦裕禄干部学院供图）

天然氧吧（焦裕禄干部学院供图）

镇辐射力和承载力不断提升，产业、商贸、物流等焕发出新的活力。

（三）将乡镇工作“三结合”发挥实效

2014年5月9日，习近平总书记来到尉氏县张市镇高标准粮田综合开发示范区考察，提出“粮食生产根本在耕地，命脉在水利，出路在科技，动力在政策”的重要指示。在随后的座谈会上，总书记作出了乡镇工作“三结合”的指示要求：乡镇要从实际出发，把改进作风和增强党性结合起来，把为群众办实事和提高群众工作能力结合起来，把抓发展和抓党建结合起来，以实实在在的成效取信于民。乡镇工作“三结合”是对县乡党员干部提出的明确要求，也点出了基层治理工作的推进路径。

1. 把改进作风和增强党性结合起来

近年，兰考县委充分发扬焦裕禄精神和党的优良传统，切实贯彻习近平总书记把改进作风和增强党性结合起来的要求。在脱贫攻坚中，坚持对攻坚全程严格督查，促进工作作风明显转变，及时发现和纠正发生在扶贫领域的不正之风和腐败问题，为打造作风严明的扶贫队伍、助力打赢脱贫攻坚战提供了坚强的纪律保障。

一是建立督查问责机制。一分部署，九分落实。兰考整合县委督查室、县政府督查室、县政府目标管理办公室、县行政效能监察中心工作机构和职能，组建县委、县政府督查局，进一步强化督查工作力量。二是进行台账式管理考核。对脱贫攻坚、产业发展、城乡建设、民生改善等重点工作实行台账化管理，倒排工期，明确目标任务、完成时限、责任单位和责任人，强力推动工作落实；对工作中不作为、慢作为、乱作为，有令不行、有禁不止的单位和个人及时依法依规处理。三是加大执纪问责力度。聚焦扶贫领域和脱贫攻坚突出问题，深入开展侵害群众利益的不正之风和腐败问题专项治理，对贪污挪用、截留私分、优亲厚友、虚报冒领等问题严肃查处。通过不断加大监督执纪问责力度，强化了扶贫干部的纪律意识和责任意识，在全县营造了风清气正合力脱贫攻坚的浓厚氛围。

2. 把为群众办实事和提高群众工作能力结合起来

兰考县在发展的过程中，把为群众办实事和提高群众工作能力结合起来，坚持用“以人民为中心”的思想谋划经济发展和社会管理工作，在制定政策、执行政策时始终把“群众满意不满意、高兴不高兴、答应不答应”作为底线思维。

在脱贫攻坚中，围绕让改革发展成果更多更公平惠及全县人民，兰考县积极推进民生事业建设，着力构建公共服务体系，民生整体水平进一步提升。围绕群众关心的出行不畅等问题，集中开展了国、省、县、乡道沿线违法占地、违法建设专项整治，同步跟进规划建设，修复加宽路肩，配套安装路灯，农村私搭乱建现象得到有效遏制，群众出行更加便捷；围绕群众期盼解决的“守着黄河用不上黄河水”的问题，通过多次实地调研，采取“西引、东补、南北提”等有效措施，对全县的水利工程进行了提升改造，不仅解决了农业灌溉用水问题，还有效补给了城市水源，并为发展水产养殖促进群众脱贫致富打下了基础。在为民服务、解决矛盾的同时，党员干部的素质能力也受到考验。只有经常在一线开展调研、收集意见、解决问题，党员干部才能不断提高思想认识和决策水平，才能不断提升群众工作的能力。

3. 把抓发展和抓党建结合起来

邓小平早在20世纪80年代就告诫全党：“风气如果坏下去，经济搞成功又有什么意义？会在另一方面变质，反过来影响整个经济变质，发展下去会形成贪污、盗窃、贿赂横行的世界。”各级党委必须树立抓党建是本职、不抓党建是失职、抓不好党建是不称职、党建出了问题是渎职的意识，高度重视党建工作，把抓党建和抓发展有机结合起来，真正做到聚精会神抓党建、一心一意谋发展。

兰考县在发展中，坚持党建先行、党建引领，切实把党的政治优势、组织优势转化为发展优势，不断给老百姓带来实实在在的利益。近年，兰考县把抓好阵地建设、整治软弱涣散村、选好班子作为基层组织建设全面提升、全面过硬的重要一环。坚持以增加基层党组织内生动力为目标，选优育强“两委”班子，壮大产业增强发展动力，完善制度构建稳定长效转化机制，在全县营造比学赶超、晋位争先的浓厚氛围，变被动整顿为主动争优，实现了“脱胎换骨”的变化。探索出来的“选派整顿团队、研制‘村情五图’、部门集体会诊、制定整改方案、整顿效果评估、落实责任追究”整顿软弱涣散村“六步工作法”，被河南省委组织部认可，并向全省推广。

二、传承焦裕禄精神　激发干事创业激情

2014 年 8 月 27 日，习近平总书记在北京听取兰考县委和河南省委党的群众路线教育实践活动情况汇报时，对河南和兰考学习弘扬焦裕禄精神“三股劲”给予了高度评价。他指出：“兰考县把‘传承弘扬焦裕禄精神、做焦裕禄式好干部、做人民群众贴心人’作为活动的实践载体，在各自岗位上学习弘扬焦裕禄对群众的那股亲劲、抓工作的那股韧劲、干事业的那股拼劲，使焦裕禄精神在兰考焕发了新的活力。”近年，兰考大力发扬焦裕禄的“三股劲”，不断以精神浸润凝聚干部思想，以党建引领激发干部内生动力，以榜样带动提高群众干事创业积极性。

兰考县展览馆前的焦裕禄雕像(焦裕禄干部学院供图)

(一)以精神浸润凝聚干部思想

为了甩掉穷帽子,兑现“三年脱贫、七年小康”的诺言,兰考不断坚持高标准、严要求,不断自我加压,决心要像焦裕禄那样“拼上老命大干一场,决心改变兰考面貌”。正如时任兰考县委主要负责人所说:“我们牢记总书记的嘱托,就是要通过加强和改善党的领导,把转变作风作为主线,积极发挥基层党组织战斗堡垒和党员先锋模范作用,让领导领着干、干部抢着干、群众比着干在兰考蔚然成风。”

1. 学习弘扬焦裕禄对群众的那股亲劲

如何拉近党员干部与群众之间的距离?兰考要求全体党员像焦裕禄那样亲民爱民,干部无论职位高低、能力大小,都要用心用情用力为群众办好事、解难事,不断增强群众的信任感。

一是拆围墙除“心墙”。从2015年开始,兰考县以建立亲民爱民型政府为导向,不仅全部拆除党委、政府机关围墙大门,方便群众进出,实行一站式办公服务,增强政府办事效率,方便群众办事,还公布了所有县级领导干部和各单位主要负责人的手机号，群众可直接联系反映问题，使人民政府的人民属性得到进一步彰显。

二是建平台便民利。围绕打造服务群众、凝聚群众的有效平台，脱贫攻坚期间，兰考县投资7400多万元，将村委会的办公地点改成党群服务中心，制定了村级党群服务中心建设“七项标准”，全面拆除围墙大门，设计统一的标志、制定统一的标准，实施绿化美化亮化，完善配套设施，建设不低于300平方米的文化活动广场，配备文体器材，使村级党群服务中心成为党员群众学习政策、参加培训、掌握技能、开展文娱活动的好去处。

三是办实事解民忧。围绕群众最关心最直接最现实的利益问题，努力把改革发展成果体现在民生改善上。优化教育资源配置，对城区内学校进行改造，城区大班额现象基本消除；启动全民健康保险，降低就诊费用，为全县城乡居民提供医疗保障；对兰考礼堂进行升级改造，免费对群众开放，每年举办各类文艺演出280场次，受众20万余人次；对全县所有乡镇（街道）敬老院实施新建改造，养老生活环境和质量得到改善；等等。这些措施无不体现了党和政府对群众的关怀。

2. 学习弘扬焦裕禄抓工作的那股韧劲

过去，兰考一些党员干部一直背负着思想包袱，不敢干、怕出事，“等、靠、要”思想严重。近年，兰考县以转变作风为抓手，扎实推进干部队伍建设，坚持不懈地做好干部培训、管理、选拔等工作。

一是持续开展培训。坚持把思想解放作为转变干部作风的“突破口”。依托浙江大学、吉林大学、河南财经政法大学和华北水利水电大学等合作院校资源优势，组织党员干部到相关院校学习充电；实施“兴兰英才计划”，3年引进150名硕士及以上高层次人才，优化干部结构；举办兰考讲堂、“一创双提”论坛，邀请国内知名院校专家学者、知名企业负责人讲“高大上”的知识，组织县级干部和局委、乡镇主要负责人讲“接地气”的内容，帮助基层干部开阔思路，提高素养，坚定发展信心。

二是聚焦重点工作。坚持把脱贫攻坚作为锤炼干部作风的“大熔炉”。为确保脱贫路上不落一户、不落一人，兰考县严格落实“真扶贫、扶真贫”要求，全面整合帮扶力量，2014 年开始，选派 345 名优秀年轻干部调整充实到 115 个驻村工作队中，115 名科级干部兼任驻村第一书记。明确乡镇（街道）335 名优秀干部进驻非贫困村，专职从事扶贫和基层党建工作，实现了所有行政村驻村扶贫全覆盖。

2017 年 4 月，兰考县举行稳定脱贫奔小康誓师大会（河南日报客户端记者史长来供图）

三是树立正确导向。坚持把基层一线和急难险重岗位作为识别选用干部的“赛马场”。每年从服务群众、服务改革、服务发展一线，评选表彰 10—20 名业绩突出、作风过硬、群众公认的“学习弘扬焦裕禄精神好干部”。截至2020年7月,2016年以来累计评选的70名扶贫标兵已全部提拔重用,100名稳定脱贫奔小康工作标兵中46名已经提拔重用,树立了重一线、重基层、重实绩的用人导向,带动全体驻村工作队员务实重干、拼搏奉献。

3. 学习弘扬焦裕禄干事业的那股拼劲

兰考作为国家级贫困县,扶贫任务很重,但兰考党员干部发扬焦裕禄干事业的那股拼劲,撸起了袖子,铆足了干劲。“5加2”“白加黑”在一些地方可能是口号,但在兰考却是常态。外界评价兰考的党员干部有三快:

一是做事快。为贯彻落实河南省委、省政府下发的《关于推进兰考改革发展和加强党的建设综合试验示范县的意见》,兰考县委、县政府制定了解决问题“马上办”、实行台账管理、严格督导检查、及时反馈信息的重点工作推进方案,确保各项重点工作推进落实。如在脱贫攻坚期间,兰考县督查局共印发督查通报、专报等各类文件1638期,各级干部效率意识和标准意识明显提升,主动作为的热情持续高涨,有力推进了扶贫工作。此外,2015年12月,兰考与富士康完成签约,2016年1月该项目就正式落地开工,当年一期就建成投产。“兰考做事快,在兰考能做成事”已成为外地客商的共识。

二是反应快。脱贫攻坚中,兰考建立了县委主要领导亲自抓、所有常委参与抓、四大班子齐上阵的高效运作机制。比如,工作中,明确县委书记、县长负总责,县委副书记牵头抓社会扶贫和脱贫攻坚全程督查落实,县人大常委会主任抓城乡人居环境改善,县政协主席抓扶贫产业发展……确保人人肩上有担子、个个身上有责任,形成了全体动员、分工明确、团结协作、合力攻坚的格局。为了更好地指导基层工作,相继创建了“拼搏兰考”“企业服务”“开放兰考”“兰考城市综合提升”等多个微信群和钉钉群，通过微信群不仅能够第一时间掌握相关政策，还能够第一时间上传相关工作落实情况，实现了工作安排和情况落实的无缝对接。兰考的干部无论是吃饭还是走路，甚至是半夜在微信群里，都还在谈工作，“比、学、赶、超”的氛围浓厚。

三是说话快。很多到兰考采访的媒体或考察团队，对兰考最深的印象，除城乡面貌日新月异外，就是兰考干部们接受采访时思路很清晰，说话很快。面对媒体采访或者外地考察接待，每个人都能侃侃而谈。这说明，兰考干部把工作真正地放在了行动上，记在了心里面。群众为兰考干部时不我待的紧迫感和不懈怠的干劲动容，感慨“焦裕禄又回来了”。

（二）以党建引领激发干部内生动力

一个地区的贫困往往除自然条件、社会因素制约外，更主要的还是干部和群众的精气神不振、内生动力不足。解决这一难题，必须从干部入手。焦裕禄曾经说过，“干部不领，水牛掉井”，“要想除掉兰考的灾害，首先要除掉领导干部思想上的病害”。兰考县委班子认真贯彻习近平总书记的要求，强调要彻底拔掉穷根，必须集中精力，推动各级干部思想认识的统一和提升，形成领导领着干、干部抢着干、群众跟着干的生动局面，用干部的主动唤起群众的互动，进而形成群众的自觉行动。

1. 抓住关键，打造决战脱贫坚强主力

脱贫过程中，兰考县围绕脱贫攻坚这一中心排兵布阵，打造“尖刀力量”，包括配强乡镇班子、建立强大的扶贫队伍以及树立正确的用人导向。

一是发挥县委的核心作用。具体来讲，县委书记经常组织县级领导讨论研究重大扶贫问题,经常深入一线解决问题;各级领导率先垂范,坚持带头驻村,让广大干部看到党委、政府真扶贫、扶真贫的决心和态度,营造务实重干的浓厚氛围。二是立足脱贫需要,配强乡镇班子。以乡镇党委换届为契机,把扶贫一线39名实绩突出、群众认可的优秀年轻干部选进党委班子。换届后的141名乡镇领导班子成员中,35岁以下的年轻干部56名,占乡镇领导班子成员的40%;40岁以下的党政正职8名,占乡镇党政正职的31%。乡镇领导班子的结构进一步优化,执行力进一步增强,真正换出了干劲、换出了活力。三是整合优势力量,建强扶贫队伍。开展"三联三全"活动,将53名县级干部、567名科级干部和3000多名在职党员与150个重点项目、115个贫困村和5729户贫困户结对联系帮扶,实现了驻村扶贫和结对帮扶全覆盖。

2. 筑牢基础,提升基层组织服务能力

在脱贫过程中,通过大力实施"双提升工程"(提升农村党建水平、提升村集体经济实力),夯实战斗堡垒。

一是抓选育、配强带头人。结合村级组织换届,把返乡创业者、专业大户、退伍军人中的优秀党员,选拔为村支部书记。对全县450名村支部书记采取5—7人"小班额"培训,逐一"过筛子"考试。建立了由523名优秀党员组成的村支部书记后备库,补足"源头活水"。

二是抓收入、增强经济实力。脱贫攻坚中兰考县制定了22项扶持措施,投入5480万元资金,实施光伏发电和廊道育林两大产业支撑,激发集体经济发展活力。兰考县有集体收入的村从2014年不足20个增加到2018年180多个,最多的500多万元,村级组织服务群众的能力进一步增强。

3. 鼓舞后进,营造创新争优的氛围

兰考县通过紧盯党组织优势转化、发挥党员作用,健全完善了抓党建促业务提升机制。

焦裕禄干部学院

一是持续整顿后进,补齐工作短板。每年倒排出45个软弱涣散村党支部,运用“六步工作法”,建强支部班子治“弱”,规范制度运行治“乱”,提升“造血”能力治“穷”,推动转化升级。3年来,对倒排出的135个软弱涣散村全部整顿转化,其中22个村荣获“四面红旗村”(“脱贫攻坚”红旗村、“基层党建”红旗村、“产业发展”红旗村、“美丽村庄”红旗村)荣誉称号,实现了脱胎换骨的转变。二是注重教育培训,提升能力素质。用好焦裕禄干部学院和党校、“兰考讲堂”、“红色e家”、焦裕禄精神体验基地四大阵地,选派党员干部到先进发达地区、省直机关挂职锻炼等,大规模高密度开展能力培训,着力消除“本领恐慌”。组织近万名党员利用“红色e家”云平台开展经常性学习,服务脱贫攻坚的能力和本领进一步增强。

（三）以榜样带动、提高群众干事创业积极性

习近平总书记强调，脱贫致富终究要靠贫困群众用自己的辛勤劳动来实现。要坚持扶贫先扶志，做好对贫困地区干部群众的宣传、教育、培训、组织工作，让他们的心热起来、身动起来，发挥广大基层群众干事创业的积极性。

1. 树立先进典型，激发群众积极性

通过发掘典型、树立榜样，用榜样的力量感染人、鼓舞人、带动人。兰考在发展的过程中充分借鉴当年焦书记的好做法，围绕脱贫攻坚、基层党建、产业发展、美丽村庄，每半年开展一次“四面红旗村”评选表彰活动，兰考县委对红旗村村干部进行奖励。得到一面红旗，村支书每人每月增加 500 元奖励报酬，村干部每人每月增加 300 元。在下一次评比中如果能够保持住，待遇也一直保持；得到一面红旗后还可以抢第二面红旗，村支书的工资再涨 500 元，村干部工资再涨 300 元。把四面红旗全抢到手，村支书的工资可以涨 2000 元，村干部的工资涨 1200 元。通过重树“四面红旗”引导全县农村基层党组织树立“比、学、赶、超”的竞争意识。截止到 2020 年 6 月 30 日，累计评选出 221 个红旗村（社区），共保留 264 面“红旗”，累计评选出两批 70 名“驻村扶贫工作标兵”，累计评选出两批 100 名“稳定脱贫奔小康工作标兵”，有效激发了党员干部投身脱贫攻坚的热情干劲。通过“四面红旗村”的持续创建，兰考要筑牢 450 个农村基层党组织，充分发挥它们的战斗堡垒作用，带动农村各项工作整体上水平、上台阶，为脱贫致富奔小康提供坚强保障。

2. 坚持龙头带动，引领群众发展产业

兰考坚持从贫困村的实际出发，整合资金，因地制宜，摸索适合本村发展的产业项目。根据贫困户的家庭情况制定脱贫路子，拓宽

增收渠道。在探索中，通过发展“市场主体 + 基地/合作社 + 农户”的产业经营模式，改变农业生产一家一户、单打独斗的状态，带动农民从“小生产”走向“大市场”、从分散经营走向专业化经营、从贫困迈向小康。一是龙头企业带动型。普遍建立和完善“龙头企业 + 合作社 + 农户”等模式，有效带动贫困群众脱贫。二是合作社带动型。通过成立专业合作社，引导贫困户之间实现土地、资金、劳动力等资源的优势互补，提高贫困群众自力更生、自我发展、合作发展的意识和能力。三是家庭农场带动型。发展家庭农场这一新型经营主体，实现农业规模化、集约化、商品化生产经营，提高贫困群众组织化水平。四是能人大户带动型。组织动员能人大户、返乡创业人员、致富带头人，开展结对帮扶、兴办实业、村企共建等活动，发挥“领头雁”带动作用。五是电商、光伏等新业态带动型。加快发展“光伏扶贫”“互联网 + 扶贫”“旅游扶贫”等高附加值的新兴业态，实现第一、第二、第三产业融合发展，促进农民增收致富。

总之，脱贫攻坚期间，兰考以习近平总书记扶贫开发战略思想为指导，以脱贫攻坚统揽经济社会发展全局，践行焦裕禄的“三股劲”，深入实施精准扶贫、精准脱贫，走出了一条特色脱贫之路，也助推了城乡面貌的跨越式发展和群众生活水平的显著提高。可以说，初步实现了强县富民、改革发展和城乡贯通的目标。同时，也为推动乡村振兴工作、实现县域经济高质量发展、推进县域治理能力和治理体系现代化奠定了发展基础。

三、践行焦裕禄精神　推进县域治理能力和治理体系现代化

县级政权是国家政权的基石,县域治理是国家治理的基础,实现县域治理体系和治理能力现代化至关重要。脱贫攻坚后,兰考县持续开展稳定脱贫奔小康工作,牢固树立全面打赢打好脱贫攻坚战就是为乡村振兴开好头起好步的思想共识,紧盯目标不放松、保障民生促发展,在培育特色产业、打造文旅路线、加强生态保护、发展循环经济、优化社会治理等方面不断创新,并取得很好成效,为县域治理体系与治理能力现代化打下了良好基础。系统考察兰考县县域治理的经验做法,不仅能够更好地把握县域治理规律,加深对习近平县域治理相关理论的认识,而且能为其他县域地区实现治理体系和治理能力现代化提供有益借鉴。

(一)因地制宜,构筑特色产业体系

习近平总书记指出,不能简单要求各地区在经济发展上达到同一水平,而是要根据各地区的条件,走合理分工、优化发展的路子。各地区位条件、资源禀赋、产业基础、发展水平差异很大,指望"一个方子包治百病"是不可能的。要因地制宜找准发展路径,坚持因地制宜、放大优势、培植强势、合理定位、错位发展。发展特色产业、做强做大实体经济。兰考在推动县域经济高质量发展中,一是解放思想,努力破除安于现状、因循守旧、片面发展的旧观念,不断激发创新意识。二是要注重挖掘县域特色产业资源,结合实际借势发力,培育主导产业。三是创新形式,激活经济。借力不同资源,打造兰考特色

经济。

1. 解放思想,激发创新意识

习近平总书记曾说,党员干部要自觉加强改革创新精神,增强主动担当、积极作为的勇气。在发展过程中,兰考县注重强化思想政治引领,通过多层面培训提升干部本领,包括分期分批对乡村干部开展轮训、办好"治理能力提升大讲堂"以及分批组织党支部提升学历等,通过开展理论学习,转变老旧思想;建立正向激励体系,如完善考核评价体系,健全激励机制,充分调动离退休领导干部参与发展的积极性;培育激活基层人才,推动人才下沉,服务乡村产业发展。兰考县通过一系列政策措施,打造了一支高素质、敢担当、能担当的领导队伍,为推动经济发展提供了人才保障。

2. 把握特色优势,选准主导产业

特色就是竞争力、生命力。为实现高质量发展、避免低水平建设,兰考县立足实际、系统谋划,抓住产业发展这个"牛鼻子",以调结构、扩内需、促改革、强管理、减负担相结合为工作抓手,持续培育壮大品牌家居、绿色畜牧和循环经济三个主导产业和智能制造、文旅培训两个优势产业,构建了"3+2"特色产业体系。以产业集群为基础,全力打造以兰考科技园、恒大家居小镇、国家循环经济产业示范基地为组团的产业新城。家居产业是兰考第一大产业。按照差异化发展的思路,兰考在全国52个家居产业集群中精准定位为品牌家居产业基地,成功引进了投资100亿元的恒大家居产业园项目,以及曲美、索菲亚、TATA木门、鼎丰木业、万华禾香等10余家品牌家居企业;同时,以恒大家居产业园为核心,整合现有景观资源,打造全国首个集生产、旅游、展示、交易于一体的家居特色小镇,形成兰考独有的"产业地标"。以绿色畜牧产业为龙头,带动促进畜牧产业化水平提升。按照“龙头企业做两端、农民兄弟干中间、普惠金融惠全链”的产业发展扶贫模式，着力打造鸡、鸭、牛、羊、驴和饲草“5＋1”产业体系，发展优质饲草种植，达到以草引畜、种养结合的目标，构建草畜一体化融合发展格局。目前，规划引进了兰考正大1500万肉鸡养殖全产业链项目、禾丰肉鸭产业化项目、首农集团万头奶牛场项目、城投首农万头奶牛场和花花牛“育繁推”一体化项目、华润五丰万头驴基地等，并通过以商带商，不断整合资源，拉长并完善产业链条。循环经济产业以打造“无废城市”为目标，在产业区东部形成覆盖废家电、废五金、废钢、报废汽车、废塑料、秸秆、树枝、废家具、生活垃圾、餐厨垃圾等“城市矿山”和生活及农林废弃物循环利用基地，逐步集聚了光大国际、康佳环嘉、沐桐环保、瑞华电力、万华禾香等一批循环经济企业。日处理生活垃圾600吨的光大生活垃圾焚烧发电项目一期已建成投产，年可处理生活垃圾21.9万吨。

3. 创新形式，激活美丽经济

兰考标准化农田机械化作业（张秋枝供图）

焦桐广场俯瞰（焦裕禄干部学院供图）

为加快推动经济发展，兰考县首先以国有公司为载体，通过整合社会、银行、基金等资源要素，创新性地提出了筑巢引凤、贴息支持、股权合作以及共建共享一系列创新模式，实现项目快速落地运营。其次深化投融资体制机制改革，想方设法把好资源转化为好资产。

最后通过合理规划和市场运作，根据每个村的发展实际，制定“一村一策”发展路径。一是发展特色农业。2015 年以来，兰考县新增土地流转面积 3 万亩，新发展蔬菜、瓜果、食用菌等大棚几千座，新发展哈密瓜、葡萄、山药、杭白菊、晚秋黄梨等特色种植 10 万亩，带动贫困户增收。二是发展畜牧业。政府积极协调金融部门，目前已发放金融扶贫贷款近亿元，重点推进禾丰肉鸭养殖、晓鸣禽业、花花牛集团、坤盛牧业等畜牧龙头企业发展，累计出栏肉鸭、肉鸡近 2000 万只，带动 3000 多户贫困家庭稳定增收。三是发展木制品及农副产品深加工等传统产业。全县新发展木制品及农副产品深加工企业 138 家，带动 800 多户贫困户就业脱贫。此外，兰考借力“红 + 黄 + 绿”等特色文化，激活美丽经济。依托“焦裕禄精神”的丰富内涵，打造“红色研学”；依托黄河湾景区、黄河湿地生态旅游区和铜瓦厢古镇遗址，打造“黄河文化”；依托兰考蜜瓜、“裕禄红”红薯、万亩果园等特色种植，打造“花果飘香”①。

（二）以文化人，助推文化旅游振兴

文化是民族的血脉，滋养着人民的精神家园。习近平总书记强调：“一个国家、一个民族不能没有灵魂。”“一个国家、一个民族的强盛，总是以文化兴盛为支撑的，中华民族伟大复兴需要以中华文化发展繁荣为条件。”在发展过程中，兰考县深入挖掘文化资源，充分利用焦裕禄精神的巨大力量，不断创新体制机制，激发文化内生活力，不断鼓舞人民奋发向上，推进文化繁荣昌盛。人民群众享受到了文

① 《乡村振兴“四重奏”唱响美丽新农村——来自兰考的报告》（下），《河南日报》2019 年 9 月 4 日。

化变革带来的福利，精神生活丰富多彩；文化产业蓬勃发展，并与其他产业深度融合，助推兰考文化振兴。

1. 深挖文化资源，打造文旅路线

兰考地处黄河之滨、中原腹地，有着深厚的历史积淀和文化底蕴，可供挖掘的资源较为丰富，如历史文化和革命文化资源、焦裕禄精神资源、党和国家领导人调研路线及调研点以及兰考周边其他资源。具体而言：

一是历史文化和革命文化资源。古有“天下第一清官”张伯行、中原哲人王廷相，当代有木版年画大师刘岘等。兰考地处豫鲁交界处，共产党早期在此活动较为频繁，1929 年成立了第一个党支部——中共考城特别支部，从这里走出了吴芝圃、许子廉、徐宗舆等优秀革命工作者。兰考现有高场烈士陵园和焦裕禄纪念园两个公祭陵园，及正在筹备建设的以兰考历史革命资源为主体的老县委教育基地。

二是焦裕禄精神资源。兰考是焦裕禄为之奋斗和献身的地方，焦裕禄在兰考留下大量的感人事迹和遗址遗迹，铸就了永不过时的焦裕禄精神。近年，为进一步传承弘扬焦裕禄精神，兰考打造提升了焦裕禄纪念园、兰考县展览馆、焦裕禄精神体验教育基地、“四面红旗”纪念馆、徐场民族乐器村、老韩陵泡桐试验站等一系列红色现场教学点。

三是党和国家领导人调研路线及调研点。兰考是焦裕禄精神发源地，毛泽东、江泽民、胡锦涛、李鹏、李瑞环等党和国家领导人先后到兰考视察，有着浓厚焦裕禄情结的习近平对焦裕禄精神多次概括和论述，并在 2009 年到 2014 年 5 年内三次视察兰考。党和国家领导人在张庄、黄河故道东坝头、四明堂险工、南马庄等地的调研路线

当年焦裕禄亲手种下的泡桐树，被兰考人亲切地称为“焦桐”（焦裕禄干部学院供图）

和调研点成为兰考宝贵文化资源的重要组成部分。

四是兰考周边其他资源。近年，以干部教育培训为主业的焦裕禄干部学院积极利用县域外丰富的旅游文化资源，依托开封党员政治生活馆、刘少奇在开封陈列馆、刘青霞故居、开封府、包公祠、尉氏焦裕禄事迹展览馆等县外教学点，拓展了培训链条，丰富了培训内容。

兰考县高度重视文化发展，充分利用文化资源，打造红色文化，坚守文化高地。通过深挖文化资源，为打造红色文化提供支撑和载体。

2. 深化改革创新，壮大文化产业

近年，兰考县在深入挖掘传统文化和红色精神资源价值的基础上，利用焦裕禄干部学院、焦裕禄纪念园等的品牌影响力，科学谋划了以焦裕禄精神为核心的红色培训产业以及相关的文旅产业，为壮大兰考培训经济创造新资源、新机遇。

一是加强基地建设。兰考不断加强谋划、加大投入、强化指导，整合培训力量，以焦裕禄干部学院为核心的培训主体平台日益壮大和完善，取得了很好的政治效益和社会效益。此外，规划建设了兰考三农职业学院、新建兰考县文化交流中心、改造提升焦裕禄纪念园等，进一步壮大了兰考的文化产业。

二是发展红色旅游业。为更好地利用培训资源，积极培育、做大做强培训经济，兰考县创建了兰考县兰仪文化旅游投资有限公司，整合全县各类培训资源，还开发了黄河湾休闲旅游度假区、兰考县数字普惠金融小镇等项目，打造集休闲、旅游、度假于一体的旅游综合体。依托东坝头镇万亩国储林，建设现代农业示范区；依托上河恬园，开工建设海马文旅项目，充分发挥红色教育、观光、休闲、体验、娱乐等综合功能，加快培训产业的价值转化。

3. 聚力文化传承，助推乡风文明

加强乡风文明建设，既要传承优秀传统文化，更要发挥好先进文化的引领作用。

在城区，兰考建成了新时代文明实践中心，以中心为平台积极组织干部群众深入学习习近平新时代中国特色社会主义思想，传播党的创新理论和方针政策，以先进文化引领乡风文明。在乡镇，建设了16所分中心，在村里建立了95所村级讲堂，不断引导群众，以文化人、成风化俗。同时，推出了“兰考标兵”“道德之星”“好媳妇”“好婆婆”和“兰考文明户”评选，树清正廉洁之风，扬公平正义之气，鼓干事创业之劲。还开展了“文化礼堂·幸福兰考”“戏曲进乡村”等文化活动，丰富居民文化生活，努力营造积极向上、拼搏奋进的文化氛围，为县域治理现代化提供精神动力和文化滋养。

近年，兰考县多次开展道德模范评选活动，以道德模范为榜样塑造城乡居民新形象，对涌现出的一批敬业奉献、孝老爱亲、文明家庭模范进行表彰，引导全体干部职工扎实推进公民道德建设，努力营造知荣辱、讲政治、做奉献、促和谐的社会风尚。兰考县还利用农村大街小巷、村室周围等资源，绘制了以社会主义核心价值观、传统美德等为主要内容的各种文化墙。现在的兰考，从街景到风景，从风景到风尚，处处荡漾着"和谐文化"。

（三）精准发力，推进生态循环经济建设

生态兴则文明兴，生态衰则文明衰。习近平总书记在全国生态环境保护大会上强调："生态文明建设是关系中华民族永续发展的根本大计。中华民族向来尊重自然、热爱自然，绵延5000多年的中华文明孕育着丰富的生态文化。"生态文明建设是县域治理的重要方面。生态环境的质量直接关系到居民的工作生活和身体健康。建设健康中国，基础在建设健康县域。

1. 合理规划，推动林业生态建设

近年，兰考积极落实习近平生态文明思想，大力进行生态建设，每年春冬两季开展国土绿化、植树造林活动，在城区新建四大公园和五大水系，在城乡接合部建设五大国储林。截至2020年3月，兰考县已完成造林2.35万亩，植树501万余株。位于郑徐高铁以南、连霍高速以北的兰考县森林公园，采用泡桐和绿化苗木相结合的造林方式，将很快实现集休闲、旅游、科研于一体的目标，成为向外界展示兰考形象新的生态名片。此外，兰考县还对高标准良田林网、特色经济林、绿色家园进行建设，对乡镇所在地、行政村、乡村道路进行绿化，最终形成"村中有林，林中有村"的布局。兰考县为推动生态建设所采取的一系列举措，取得了显著成效。

2. 创新科技，推动生态循环建设

兰考县紧紧抓住建设全国第一批农村生活垃圾治理和资源利用示范县、农村能源革命建设试点机遇，建设了国家循环经济产业示范基地，形成了独具特色、高科技含量、高附加值的环保再生区域利用体系。一是全面建立资源高效利用制度，引进高新技术产业，将生态治理和垃圾废物利用结合起来。近年，引进了光大垃圾发电、沐桐环保、瑞华电力等一批高新产业项目，推进全域垃圾无公害处理，并达到变废为宝的目的。二是开展生态保护人民战争。从“五分钱工程”入手，发动干部群众全面推进“三清一改”清零行动，按照“五不五有”和“五净一规范”标准，打造美丽乡村、美丽城镇，逐步实现天蓝水净地绿的生态环境。三是在乡村开展清零行动、廊道绿化、河道治理和农村公厕建设。

3. 精心谋划，打造国家级生态县

兰考以打造国家级生态县为契机，紧紧围绕建设生态县设立的目标任务，精心谋划，统筹城乡，突出重点，狠抓落实，为改善城乡环境面貌、建设美丽兰考奠定了坚实的基础。委托河南省地理研究所完成了《兰考生态县建设规划(2013—2020 年)》编制任务，制定了系统规划，努力把兰考建设成为生态经济发达、生态人居环境宜人、生态文化繁荣、生态环境优美、人与自然和谐相处的可持续发展的生态县。依托黄河大堤生态资源，建设沿黄生态廊道，打好“清四乱”歼灭战，构建兰考黄河生态防护体系。在农村，持续推进人居环境改善，深入开展“清洁家园”行动，实现行政村卫生保洁市场化运作全覆盖；深入开展造林绿化、水利建设、廊道工程、农村经济、美丽乡村五项重点工作，农业农村面貌展现出昂扬生机。在乡镇，截止到 2019 年，已有桐乡街道、堌阳镇、南彰镇、考城镇等 7 个城镇完成了省级生态乡镇创建工作。其中,桐乡街道已创建成为国家级生态乡镇。桐乡街道北街村等全县160多个行政村完成了生态村创建工作,其中省级生态村17个。现在的兰考,道路更畅,绿地更多,夜晚更亮,城乡变得越来越整洁有序,群众感受到了脱贫攻坚带来的新变化,主动参与发展的热情更加高涨,满意度稳步攀升。

兰考县城新貌(焦裕禄干部学院供图)

(四)深化改革,构建共建共治共享社会格局

党的十九届四中全会通过的《中共中央关于坚持和完善中国特色社会主义制度 推进国家治理体系和治理能力现代化若干重大问题的决定》提出,要坚持和完善共建共治共享的社会治理制度,构建基层社会治理新格局。兰考县坚持以人民为中心、为人民服务理念,通过拆除县直单位、乡镇、村社区围墙,开放公共设施资源,建设县乡村三级服务站、打造"一中心四平台"社会综合治理中心、营造"亲清"政商关系,不断转变治理理念,发挥政府、社会、企业、社团等各主体的能动性,凝聚共建合力、形成协同效应,建设人人有责、人人尽

责、人人享有的社会治理共同体。

1. 坚持以人为本，提供更贴心便捷的民生服务

共建共治是为了共享。兰考县注重整合资源、创新形式，搭建服务群众平台。一是整合民生服务场所。为方便老年人开展文化体育活动，兰考县把老县委大院改造为老年活动中心，以学习健身为目的，倡导积极向上的学习娱乐活动，传承和发扬老经验、老作风、老传统，与北边的兰考礼堂功能互补，让老年人共同享受社会发展的红利和便利；为满足青少年体育活动需要，把县政府办公场所改造为兰考县青少年活动中心，成为提高青少年思想道德和科学文化水平的重要阵地。二是构建完善便民服务体系。建成以行政服务中心为龙头，以 13 个乡镇和 3 个街道办事处便民服务站为主体，以 454 个村便民服务点为补充的三级便民服务体系，减轻群众生产生活负担。打造线上一体化政务服务平台，实行"一网通办"。以信息化建设为有力抓手，打造线上一体化政务服务平台，形成了以"e 窗通"审批系统为主体，受理兰考政务 APP、中心门户网站、中心微信公众号、政务服务网四个渠道的事项申请的"一主体四渠道"的运行模式。三是打造智慧便民服务平台，实现县乡村互联互通。16 个便民服务站和 454 个便民服务点方便群众就近办理，线上依托省政务服务网，以数据共享促进办事流程优化和业务协同，实现 16 个乡镇街道和 36 个县直单位之间后台打通、数据联通，线下投放自助智慧政务一体机，"小事不出村、大事不出镇、事事网上办"目标基本实现，"零跑腿"已成为现实。

2. 激发多元参与，营造更具亲和力的营商环境

习近平总书记多次强调"要营造国际一流营商环境"，"以优化营商环境为基础，全面深化改革"。兰考县坚持把营商环境作为检

验干部作风的主战场和推动高质量发展的“一号工程”,用好的环境抢占先机、赢得未来。围绕干成事、有效益、可持续,要求与企业经营相关的单位要创造性地开展工作,争做懂经济、会管理的新时代兰考干部,树立法无禁止皆可为的思维,简化没有硬性规定的繁琐手续,让企业轻装上阵。进一步构建“亲清”政商关系,守住廉洁底线,大胆为企业说话,放开手脚当好服务企业“店小二”,多为服务项目鼓掌,在全县营造以服务企业为荣的氛围。2020 年年初,分 6 个业务口组建了 111 个专班服务组,副县级干部牵好头,基层干部冲在一线,帮助企业打开市场、协调融资、招工培训等,把“1 + 9 + N”等各项政策不折不扣地落实到位,让兰考“发展环境好、干部作风好”成为营商环境实实在在的口碑。县纪委开展了优化营商环境专项巡察,对服务企业中的不担当、不作为、乱作为现象,坚决予以打击。

3. 转变治理理念,建立更有效的社会矛盾调解机制

社会和谐稳定是经济高质量发展的前提。兰考县以防范化解县域社会治理难题为目标,补短板、堵漏洞、强弱项,建立健全“四个体系”,形成县域社会治理新格局。一是建立健全集成高效的领导指挥体系。完善党的集中统一领导机制,加强政法队伍建设,构筑公安、检察、法院、司法既精通业务、又团结协作的法律防线,充分发扬政法的保驾护航作用。落实乡镇(街道)干部下沉网格,推进“党建 + 网格”融合发展。推动县乡村三级综合治理中心完善机制、拓展功能、发挥作用,依托综合治理中心和“一中心四平台”,打造县级统筹协调、乡级组织推进、村级落实落细的社会治理工作体系。二是建立健全多元互促的共建共治体系。健全完善民主协商、社会组织参与、企业社会责任评估和激励奖惩等机制,搭建“两代表一委员”接待室等社会主体平台,激励引导各类社会主体参与城乡社会治理、

承担社会责任,强化社会治理整体合力。三是建立健全联动融合的支撑保障体系。依法逐步明确村(社区)在社会治理方面的职能职责,在农村持续深化“四议两公开”工作法,在社区逐步推广“一征三议两公开”工作法,深化“一村(居)一法律顾问”,修订完善村规民约、居民公约,进一步夯实社会治理基层基础;深化“雪亮工程”建设和联网应用,建立社会综治大数据平台,推进智治智防。四是建立健全专业有效的防范化解体系。完善县级领导干部定期接访和包联制度,做好特定利益群体、高风险群体处置应对,推进人民调解、行政调解、司法调解“三调”联动,有效防范化解社会稳定风险。完善扫黑除恶常态化机制,健全经常性专项打击整治机制,实现群防群治、联防联控。

肯定成绩，总结经验，认清形势，树立信心，动员起来，战胜灾荒

——焦裕禄同志在县委三级干部会议上的讲话

（1963年11月5日）

同志们：

我们这次会议，主要是贯彻中央、省、地委关于生产救灾工作的指示，正确分析认识今年秋季我县的生产形势，总结工作，肯定成绩，表扬模范，鼓足革命干劲，发扬党的艰苦朴素优良传统，树立革命的坚定性，讨论安排我县今冬明春以大搞副业生产、开展群众性的生产自救运动为中心的各项工作，战胜困难，战胜灾荒，夺取明年丰收。现在我代表县委，就我县今年秋季生产形势和如何开展群众性的生产自救运动，向大家作报告。

（一）今年秋季形势比去年好

今年秋季我县的形势总的来说比去年好。概括的说来：雨量比去年大，灾情却比去年小，粮食产量比去年多，牲畜、农具有了发展，生产力有了恢复，经过今春的社会主义教育，阶级队伍有了发展，逐步形成了领导核心，刹住了“单干风”，打击了歪风邪气，遏制了“黑

风”，提高了广大干部、群众的思想觉悟，进一步巩固了集体经济；广大干部转变了作风，深入重点，调查研究，依靠贫下中农，带头参加劳动，遇事同群众商量，进一步密切了党与群众的联系与干群关系。具体说：

雨量大于去年，灾情小于去年。去年 8 月 6 日到 9 日 4 天集中降雨 180 公厘至 226 公厘，就有 ××①万亩庄稼积水，就有 ××万亩绝收，其他过水地区都有不同程度的减产。今年 8 月 2 日至 8 日 6 天集中降雨 400 多公厘，过水面积 ××万亩，水围村庄 ××多个，比去年同期降雨量几乎增加一倍。虽然雨量大，由于雨前大挖排水沟，排泄畅通，快的一昼夜，一般三五天，个别七八天就排出了积水，真正排不出去的水洼地积水仅有 ××万亩绝收，比去年绝收面积减少 81.7% 亩。张君墓公社赵垛楼大队有 3000 亩土地连年涝灾，今年全大队 2500 亩小麦被淹死 2100 亩。今春以来大搞了水利，挖大沟 6 条，小沟 184 条，完工的第二天降雨 300 公厘，雨后积水 4000 亩，一昼夜基本排除，大部庄稼受灾不重，夺得了秋季丰收，除“三留”以来，又交公粮 80000 斤。义封公社土山大队去年秋季因积水排不出去，有 4000 亩庄稼被淹毁；今年秋季雨量虽然比去年大，但是确(却)使常年受涝灾的 4850 亩耕地减轻了涝灾，夺得了比去年好的收成。

生产管理好于去年，粮食产量多于去年。今年全县的秋收作物，种的好、种的足、种的适时，管理的好，消灭了历年来的草荒，促进了秋苗的正常生长。过去草苗争长、草吃苗、草比苗高比苗旺的现象到处可见，今年就没有这种现象，这说明生产管理上有了很大的进步。

---

① 因档案原文没有数字，以“××”表示，故此处亦采用“××”。

由于秋收作物种的好、种的足、管的早、管的细，加上其他措施，今年秋季粮食产量高于去年。就全县来说，秋季粮食（包括红芋折根）社会总产量××××万斤是有把握的，这是雨后县委的估计，现在根据很多队的典型调查，这个把握更大了。按×××万斤说，比去年秋季实产增长 53.4%。张君墓公社今年秋季社会总产比去年增加 24.9%左右。城关公社今年秋季总产比去年增加 61.9%左右。爪营公社在解放 14 年来没有遇到今年这样大的水灾情况下，今年秋季总产还可达到 900 万斤。我县历年来的老灾队，今年秋季粮食产量有了成倍的增加。胡集大队去年收入 18 万斤，今年收入达 40 多万斤。张君墓的张新大队去年秋季收入 4 万斤，今年收入 16 万斤，赵垛楼大队去年秋季收入 16 万斤，今年秋季收入 78.8 万斤，王大瓢大队去年秋季收入 12 万斤，今年收入 30 多万斤。红庙公社的架子大队去年秋季收入 16 万斤，今年收入 47 万斤。城关公社韩村生产队去年收入 800 斤，今年收入 5000 斤。各公社都有一批这样的大队和生产队。

今年秋季全县社会总产达到××××万斤，是有充分根据的。

种的高产作物多。全县红芋面积不下 20 万亩，大豆有 15 万亩。红芋每亩产量按 1000 斤计算，折粮 200 斤，20 万亩就折粮 4000 万斤；大豆每亩按 100 斤计算，就是 1500 万斤，这两项合计为 5500 万斤，全县 90 万亩耕地，除去红芋、大豆面积 35 万亩。还有 55 万亩，绝收面积加经济作物面积再减去 10 万亩，还有 45 万亩，下余的 1500 万斤，每亩平均单产合 33 斤多，是完全能够达到的。

全县有一半以上的保收面积，西起三义砦的西马庄，往东经过蔡楼、老韩陵、双杨树、义封的耿庄、董庄到白楼、小宋、张笔彩拐回来到固阳的一淄场、爪营的东部、东北部等，这些地区有 45 万亩土地，这些队的秋季产量每亩平均可达到150斤以上，我们按40万亩保收面积计算，总产量可达到6000万斤，就是按每亩产130斤计算，总产也达到5200万斤，下剩的1800万斤产量，还有40万亩土地，这也是看可以达得到的。

小自由的产量比较高。堌阳公社范场大队种红芋1679亩，小自由面积就有737亩，这部分不但面积大，而且产量高，一般每亩产鲜红芋3000斤左右，少数的达4000斤。西马庄大队社会总产150万斤，小自由就有50万斤。爪营公社高砦一、七、九三个生产队社会总产31366斤，小自由部分就有18509斤，比集体产量还多。城关公社桂李砦大队胡刘砦小队集体收入3000斤，小自由收入达8000斤。有些户的小自由收入是相当多的。盆窑大队东北场生产队社员陈运科5口人，光收入豆子达2000斤，陈运起3口人，收入豆子达1200斤，李六妮5口人，收入豆子2160斤，收豆子时请人拉27驾车。一般的队小自由部分每人平均在40—50斤。

经过社会主义教育广大干部提高了觉悟，转变了作风，在各项工作中，贯彻阶级路线，依靠贫下中农的阶级观点明确了，作风民主，遇事同群众商量，带头参加劳动，以生产领导生产，深入重点，调查研究的工作作风大大发扬了，干群关系更加密切了。特别是在今年收秋种麦中，表现的更为突出。张君墓公社万土山大队22个生产队的会计有21个参加拉犁拉耙。爪营公社南北庄大队团支书崔明乐，种麦中包干2个生产队，天天和社员一起拉犁、翻地，晌晌不离，坚持到底。小宋公社张笔彩大队有个生产队长叫车发生，除自己带头拉犁，还动员自己家属带头参加劳动。不少干部实行包队、包犁，有的带病上阵，日夜奋战，发扬了艰苦奋斗和群众同甘共苦的优良传统。

贫下中农阶级组织发挥了它的组织和骨干作用，热爱集体，依靠集体，关心集体，巩固集体，促进了各项生产、工作的顺利开展。去年的这个时候，“单干风”刮的满天乌云，“牛鬼蛇神”兴风作浪，歪风邪气曾一度占了上风，弄的人心惶惶，严重影响了集体经济的巩固。经过社会主义教育运动，打击了歪风邪气，遏制了“黑风”，提高了贫下中农的阶级觉悟，巩固了集体经济，目前广大社员心向集体，热爱集体，坚持集体道路，特别是在种麦中，表现的更为突出。带头拉犁、拉耙、翻地，发愤图强，自力更生，发扬了“穷棒子”精神，出现了很多好的典型，干群的精神面貌有很大的提高。张君墓公社大王庄大队石砦生产队一头牲口，提前种好小麦。今年种麦中有个突出的特点，就是畜力少而弱，种麦困难大的队，种麦的进度快，质量好，完成的任务也快。有些生产队为了解决资金不足的困难，挖掘潜力，发动社员投资，有的自动兑麦种、兑钱，支持集体种麦。张君墓公社有 208 个小队 3185 户社员而向集体投资现金 11414 元。红庙公社架子大队十三生产队贫农社员彭起云，主动向队投资现金 100 元，这个队的孙士清在巩县一个煤矿当工人，回来探家，见队里种麦困难，随即拿出 100 元投资到队里。三义砦公社有 316 名党员、团员、干部和贫农代表，带头向队里投资 823 元，支持队里种麦。这些都是热爱集体的具体行动。一些畜力强，种麦进度快的队，发扬了高度的集体主义精神，主动帮助困难队种麦。南彰公社有 120 个小队，开展协作支援。堌阳公社黄口大队十三生产队，抽出六具牲口，帮助二、四、六三个队犁地种麦 200 亩，自己队种麦时社员拉耧、拉吨子，发扬了高度的共产主义风格。

牲畜、农具有了增长，生产有了较快的恢复和发展。赵垛楼是连续 7 季受灾的老灾队，今年不但社员吃粮水平高，还向国家交公粮 8 万斤，并表示再超额 5000 斤，牲口、农具发展的很快。小宋公社张庄大队是个老灾队,今年也向国家交公粮 8 万多斤。南彰公社杜楼大队今年国家分配征购 5000 斤,他们主动要求完成 10000 斤。有些老灾队的生产成倍的增长,减少了国家的负担。

总之,我县的经济、政治形势和全省各地一样,是一派大好形势。

(二)现在的形势比上次三级干部会议时好

经过一个月来的工作,给生产自救、战胜灾荒打下了很好的基础;特别是这一段天气很好,对晚秋作物(如红芋、大豆等)生长很有利,产量有了很大的变化。

粮食产量有了很大的变化。上次三级干部会议时,我们估计产量全县××××万斤,是按照天气变坏估计的。现在看来,这个产量是完全可以达到的,也是有充分根据的。我们在全县 77 个不同类型生产队秋季产量的调查,原来估产为 191.3 万斤实收为 290.7 万斤,增加了 99.4 万斤,这 77 个小队都比原来的估产有增加。西马庄大队原估产集体产量为 517584 斤,经过调查增加 484417 斤,总产达到 150 万斤左右。堌阳公社范场大队原估产(加小自由)68 万斤,现在达到 115 万斤左右。爪营公社原估产 752 万斤,现在达到 900 万斤。城关公社原估产 266 万斤,现在达到 366 万斤。堌阳公社原估产 374 万斤,现在估产 617 万斤。红庙公社原估产 555 万斤,现在估计 752 万斤。义封公社原估产还有很大的余地。爪营公社魏庄大队一、七、十、十二四个小队原报产量 52177 斤,实际收入 105233 斤,增加 53056 斤。新韩陵大队第五小队原报总产 22148 斤,实际收入 45453 斤,增加 23305 斤,这个小队的第九小队原估产 16977 斤,实收 38228 斤,增加 28333 斤,增加一半以上。据我们大量的典型调查,现在的产量和上次三级干部会议对比,一般增加一半左右,少数增加一倍半至两三倍，个别地增加30%以上，达不到原估产的是极少数的。

特别是这段天气放晴，对红芋生长很有利，产量有很大的增长。堌阳公社李场大队估产990多斤，现在平均可以收到2500斤左右，这个大队的陈文亮生产队生产八亩红芋实收28000斤，亩产3500斤。范场大队牛场十二生产队原估亩产1100斤，我们出了一分地，还缺四五棵苗，一过秤265斤，亩产达2650斤。前双井社员许挪，二分自留地除红芋787斤，亩产合3940斤，我们又给一户社员出了半分自留地的红芋，一过秤244斤，亩产达2880斤。

不仅产量有提高，面积也有增加。义封公社耿庄大队十三小队原报红芋44亩，实际为61亩，十四小队原报红芋为50亩，实际为65亩。南彰公社李堡大队二小队原报一块红芋25亩，实际33亩。李元大队八小队原报红芋50亩，实际75亩，九小队原报红芋30亩，实际40亩。种多报少，高产报低产，隐瞒不报、压低产量，在很大一部分队是比较普遍的。据上述77个小队的调查，有74个小队调查面积比原报面积都有增加。新韩陵第九小队原报面积270亩，实际361亩，增加91亩。还有小队成百亩的增加。

在种麦中，初步贯彻了生产自救的方针，进一步澄清了灾情，对社员家底、副业门路也作了一些典型调查，为开展大规模的群众性的生产自救运动做了一些准备工作。有很多队制定了冬季副业生产规划，本着边规划、边行动，能干的马上就干的精神，开展了副业生产活动，初步收到了效果。据不完全统计，最近一段采集代食品241万斤，搞牲口草1200多万斤，并有580个缺草小队变成了自足队和余粮队。有些队的冬季副业生产已经开展起来，并取得了很大成绩。南彰公社王庄大队第九生产队搞起副业生产以后，已经买了一匹马、一匹骡、一头牛，归还700元贷款，发137元的工资，还买了农药和麦种。城关公社余砦大队搞起副业生产以后,国家发给的1200元救济款和10000多斤救济粮,退还了公社,表示自力更生,克服困难。南彰公社王庄大队八小队搞起副业以后,全队缺粮8000斤表示不向国家要统销,不向国家要钱。由于副业生产的开展,广大干部、群众的思想情绪更加稳定,打算外流的不外流了,思想苦闷的舒畅了,战胜灾荒的心情也更足了。

非灾队支援灾队的工作做得很好、很主动、成绩很大,不仅为灾区提供了物资基础,也推动了非灾队的工作。目前,全县粮食征购入库任务完成了348.47万斤,占任务的98.2%,南彰、三义砦、城关镇等已超额完成任务。爪营公社蔡集大队8万斤,大队党支部表示完成12万斤之后再完成5000斤。赵垛楼完成12000斤征购任务后,再卖1500斤红芋片,南加坡有6户社员自动拿420斤红芋卖给国家,表示支援灾区。龙王庙大队乔砦第八队本来没有征购任务,经过贫下中农社员讨论,决定向国家交售1300斤爱国粮,支援灾区。堌阳公社汴砦大队11个干部,自报支援灾区粮食670斤,副大队长杨树森一人支援红芋干200斤、萝卜400斤,表示为灾队喂养一头牲口。支部委员陈运中拿出大豆50斤、芋干100斤、干菜50斤支援灾区,并表示为灾队喂养1—2头牲口。南彰大队第一生产队完成3500斤征购任务以后,决定再拿出红芋片1000斤、芋头3000斤、藕1000斤、干菜1000斤、青菜10000斤、芝麻20斤、棉籽500斤支援灾区。城关公社新韩陵大队8个干部和生产队干部支援刘林鲜红芋5000多斤。堌阳公社大付堂第六队原计划完成征购10000斤,在上次县三级干部会议上自报完成16000斤,现在实际完成16118斤,决定再卖500斤。马目大队十三小队原没有分配征购任务也交公粮372斤,堌阳东关三小队没有征购任务也拿出231斤交公粮,西关大队十一队征购任务 8100 斤，已完成 8140 斤，决定再卖 500 斤。这个大队的 6.5 万斤征粮任务，交的全部是粮食，都是用上风头的粮食交给国家。这个公社的汴砦大队干部主动到有灾的黄口、刁庄大队联系，给他们代养牲口，为黄口留 35000 斤豆子的红芋种，给刁庄留 50000 斤豆子的红芋种；大付堂大队已有 10 个生产队给灾队准备了牛屋。像这样的高尚的共产主义风格的典型，各地都有，这是应该大大发扬的。

干部的思想风貌和工作作风，有了很大的转变和提高。主要表现是：首先，不仅在阶级斗争而且在生产斗争中依靠贫下中农、关心贫下中农的阶级观点更加明确了，学会了阶级分析的方法。其次，工作更加艰苦深入，蹲点调查研究，解剖麻雀，初步得到了好处。再次，带头参加集体生产劳动，深入生产过程，以生产领导生产，大大发扬了艰苦奋斗，与群众同甘共苦的优良传统，发扬了“穷棒子”精神，心情舒畅，干劲十足。最后，加强了党在农村中的政治思想教育工作，进一步提高了广大干部和贫下中农社员的思想觉悟，大大树立了奋发图强，自力更生，改变面貌的雄心壮志。

总之，近一个月来的形势，是向着极为有利的方面发展的，为战胜灾荒，创造了极为有利的条件。

（三）当前的主要问题

虽然我县今年秋季形势比去年好，现在的形势比三级干部会议以前好，但是，由于很多生产队连年遭灾，又有很大的不平衡性，困难还是很大的。当前主要的问题是：（1）一些老灾队家底空薄，抗灾能力弱，特别是穿的、住的等困难更大。（2）节约度荒和节约备荒的教育还不够深入，用粮无计划，有的地方已经浪费了一些粮食，给生产救灾增加了一些困难。(3)一部分干部、社员对依靠集体、发奋图强、自力更生、战胜困难的信心不足,准备外流,各奔前程,有的说:“种上麦,跑火车”,有的说:“走一半,留一半,吃在外,省在家”等。(4)两眼向上,两手向外,依靠救济,依靠支援,还有的打算外出投亲靠友,暂度困难。(5)基层干部束手无策,向社员许外流口愿,说:“种上麦您情都出去啦,剩我在家支住门市妥啦。”有的逃避困难,思想退坡,要求不干。有的想外流,又怕受批评。有一个大队的干部为此编了打油诗,说:“社员都外流,困难压住头,干部外流说是革命不坚决,在家实在愁。”还有的悲观失望,情绪低落,愁眉不展,挺不起腰杆。有的说:“做生意没技术,搞副业没门路,推小车卖菜也不行,反正是黄鼠狼害眼——打不住食。”(6)在粮食统销中还有经验主义,认为共产党口硬心软,没了向上要,不给继续要,自己不想办法,抱着一种“小孩哭了给他娘”。把事情推给上级,自己不负责的态度。还有干部心中没底,不深入调查研究,偏听偏信,单听一报,看表算账,这是很危险的。(7)生产救灾中的两种思想、两个阶级、两条道路的斗争,表现的还相当突出,阶级敌人乘机破坏活动,“牛鬼蛇神”开始当头露面,兴风助浪,煽动群众。范砦大队地主范茂山向共青团员范继麟说:“出去做生意得着哩,我出去扛猪一次赚35元,在外肉都不想吃,光吃饼干、果子,你在家连糊涂都喝不上,不如出去跑几趟。”坏分子范秀英在地劳动中煽动说:“今年灾情大,面又广,要走的早,早点走,比晚了找不到地方强。”地主范进昌对团员王合众说:“出外做生意,偷搭火车,又不买票,好的很,碰巧了搭饼干车上,钻进去就吃开了。”还有一些野心勃勃地,妄想乘机夺取基层政权。大付俗中农范台田,为了夺取到处破坏团结,在群众面前说:“队长范二德是八面光,六面净,民兵连长和副队长把住北门不问咱的事。”并对团分支书王合众说:“咱三队能把会计和民兵连长换掉,你当队长,我当助手,你看得不得。”又向大队长周文荣说:“范玉泉(民兵营长)对你有意见,将来分大队时,三队长换成我,二队长换成保田(流窜犯),一队长换成范芳田(开除的干部),咱庄就把玉泉打反利亮啦。”在阶级敌人的煽动下,这个大队已有12人,出去搞投机。这个队共37户,有25户打算外出。(8)非灾区有些队对支援灾区的工作,做的还不够主动,有的还存在怕支援的思想,个别队还乘机发困难财。(9)有些队的冬季副业生产还没有打算,劳力没有安排,对如何转上冬季副业生产还缺乏系统经验。(10)有些干部思想作风还不纯,投机取巧,瞒产不报,挥霍浪费,贪污多占,不艰苦不深入等等。所有这些,如不抓紧立即解决,将会带来重大的损失,甚至会犯大的错误,这是很危险的。

(四)战胜灾荒的有利条件

虽然存在以上的困难和问题,但是有利条件还是很多的,只要充分认识有利条件,调动一切积极因素,才能树立克服困难,战胜灾荒的信心。这些有利的条件是:(1)发奋图强,自力更生,自己动手,战胜困难的“穷棒子”精神,已经大大发扬起来,这是无穷的力量。(2)有了一批自力更生,战胜困难,改变面貌的先行者,给我们树立了旗帜,指出了方向。(3)由于连续几年向灾害作斗争,我们已经有了经验,并考验了干部,锻炼了社员。(4)今年生产救灾工作动手早,副业生产已经开展起来,取得了良好的成果,争取了主动权。(5)副业生产门路多,收入来源广,只要因地制宜,多想门路,大有可为。(6)生产救灾政策有了新的规定,比如救济款允许用于生产自救、死钱变活钱;收购灾区的猪羊,实行预购寄养;汽马运输让路等。(7)有丰收地区的支援，非灾队“三支援”工作做的积极、主动，任务完成的很出色。(8)全国丰收，形势很好，可以“以丰补歉”。(9)麦子种的早、种的好、种的足、出苗齐、生长好，给明年麦季丰收打下了良好基础，社会有了盼头。(10)各行各业各部门，支援农业、支援灾区的思想更加明确，工作做的更加积极主动，经济部门订出了支援灾区的计划。(11)干部作风有了很大的改进和提高，发扬了与群众同甘共苦的优良传统，有战胜困难的雄心壮志，关心群众，体贴群众疾苦，更加密切了干群关系。(12)冬季大搞水利、修路、造林，有国家的以工代赈。(13)大搞了代食品，采集了干菜，种了越冬菜，对节约度荒有了物质基础。(14)牲畜饲草抓的早，抓的好，搞的多，基本上解决了牲畜缺草的问题，这样在生产救灾工作中就少操一头心，便于集中力量搞副业生产、安排生活。(15)群众有互济互助、互救的习惯，便于克服困难。(16)经过社会主义教育，农村的阶级队伍有了发动，初步形成了骨干领导核心，有了阶级依靠。(17)农贸市场物资多、品种全，价格稳定。(18)国际上反对现代修正主义的斗争，证明我党是完全正确的和伟大的，我们感到自豪和光荣，鼓舞着广大党员、干部和社员积极向困难作斗争。(19)农村疾病很少，人的体质很好，这是抗灾斗争的根本条件，有了人，什么困难也能克服。(20)更重要的是，有党中央、毛主席和省、地委的正确领导和亲切的关怀，有上级党和政府的照顾和及时支援。(21)集体经济更加巩固，在抗灾斗争中发挥了巨大的优越性。只要我们充分认识和运用有利条件，加强党的领导，加强政治思想工作，调动一切积极因素，不怕困难，发奋图强，自力更生，鼓足革命干劲，相信群众，依靠群众，依靠集体，团结一致，困难是能够克服的，灾荒是能够战胜的，夺得明年麦季丰收，也是有希望的，改变我县的面貌是指日可到的。

焦裕禄经典语句

一、公仆情怀

1. 没有抗灾的干部,就没有抗灾的群众。

2. 干部不领,水牛掉井。

3. 这些人,绝大多数是我们的阶级兄弟,是灾荒逼迫他们背井离乡的。这不怪他们,责任在我们身上。党把36万群众交给我们,我们没能领导他们战胜灾荒,过安居乐业的生活,应该感到羞耻和痛心。

4. 在这大雪拥门的时候,我们不能坐在办公室里烤火,应该到群众中间去。在群众需要帮助的时候,去关心群众,帮助群众。

5. 我们不是人民的上司,我们都是人民的勤务员,必须和群众同甘苦、共患难。

6. 一个落后地区的转变,首先是领导思想的转变。如果领导思想还没有转变过来,广大群众的积极性就不能得到充分发挥。

二、求实作风

1. 吃别人嚼过的馍没味道。

2. 先顾吃饭,再顾好看。

3. 跟群众打交道,圈要跑圆、理要讲全,心平气和、抓紧时间。

4. 人是最宝贵的。不了解人,不首先做好人的工作,其他工作就会走进死胡同。

5. 要提倡少开会，多做工作，少讲空话，多办实事。

6. 我要把兰考县 1094 平方公里土地的自然情况摸透，掂一掂兰考的“三害”到底有多大分量。

7. 白天要搞调查研究，晚上要“过电影”。

8. 不读报纸不知道天下大事，不看文件不能领会政策。

9. 当工作感到没办法的时候，你就到群众中去，问问群众，你就有办法了。

三、奋斗精神

1. 革命者要在困难面前逞英雄。

2. 拼上老命大干一场，决心改变兰考面貌！

3. 干革命就得敢闯！成功了，有经验；失败了，有教训。只要敢闯，就能从困难中杀出一条路来。

4. 兰考是个大有作为的地方，问题是要干，要革命。兰考是灾区，穷，困难多，但灾区有个好处，它能锻炼人的意志，培养人的革命品格。

5. 病，是个欺软怕硬的东西，你压住它，它就不欺负你了。

6. 干革命工作嘛！总会有困难的。越是有困难，越要有雄心斗志；越是有困难，越要学习毛主席著作。

四、道德情操

1. 要勤俭办事业，不贪玩，不浪费，和人民同甘共苦，吃苦在前，享受在后。

2. 要小小气气地过日子，细细致致地做工作。贯彻自力更生为主的方针，把钱用到最需要的地方去。

3. 灾区面貌没有改变，还大量吃着国家的统销粮，群众生活很困难，富丽堂皇的事，不但不能做，就是连想也很危险。

4. 我活着没有治好兰考的沙丘，死后，希望把我埋在兰考的沙丘上……要看着兰考人民，把沙丘治好。

5. 不搞特殊，特别是在灾区工作的同志，要注意生活问题，不然就会脱离群众。

五、十条工作经验

1. 要依靠群众；

2. 要发扬民主；

3. 要经常总结工作；

4. 要学习政治；

5. 要利用积极分子做工作；

6. 要了解群众思想，关心群众生活；

7. 要依靠党的领导；

8. 要搞好团结；

9. 要学习党的政策；

10. 要主动向上级汇报工作。

六、干部十不准

1. 不准用国家的或集体的粮款或其他物资大吃大喝、请客送礼；

2. 不准参加或带头搞封建迷信活动；

3. 不准赌博；

4. 不准用粮食做酒做糖，挥霍浪费；

5. 不准拿生产队现有的粮款或向社员派粮派款，唱戏、演电影、办集体和其他娱乐活动，谁看戏谁拿钱，谁吃喝谁拿粮，一律不准向社员摊派；

6. 业余剧团只能在本乡本队演出，不准到外地营业演出，更不准借春节演出为名大买服装道具，大肆铺张浪费；

7. 各机关、学校、企事业单位的党员干部都要以身作则，勤俭过年，一律不得请客送礼，一律不准拿国家物资到生产队换取国家统购统派物资，一律不准用公款组织晚会，一律不准送戏票，十排以前戏票不能光卖给机关或几个机关经常包完，一律不准到商业部门、合作社部门要特殊照顾；

8. 坚决反对利用职权贪污盗窃国家的或生产队的物资，坚决禁止利用封建迷信欺骗和剥削社员的破坏活动；

9. 积极搞好集体的副业生产，增加收入，改善生活，反对弃农经商，反对投机倒把；

10. 不准借春节之机，大办喜事（不是不准结婚），做寿吃喜，大放鞭炮，挥霍浪费。

七、“十多十少”

1. 一般号召多，调查研究少；

2. 一般情况多，具体经验少；

3. 领导干部原则讲得多，具体办法少；

4. 干部讲得多，认真听取群众意见少；

5. 一揽子会议多，系统会议少；

6. 工作布置多，认真检查少；

7. 管理办法多,认真坚持下来的少;

8. 对当前生产着重说的多,认真制定规划、用规划指导生产的少;

9. 各行各业支援农村喊得多,具体行动少;

10. 死搬硬套的多,真正实事求是、因地制宜确定方针的少。

八、“五个跟不上”

1. 领导跟不上;
2. 思想跟不上;
3. 管理跟不上;
4. 政策跟不上;
5. 各部门支援农业跟不上。

参考资料

[1]《毛泽东选集》,人民出版社 1991 年版。

[2]习近平:《习近平谈治国理政》第一卷,外文出版社 2014 年版。

[3]习近平:《做焦裕禄式的县委书记》,中央文献出版社 2015 年版。

[4]习近平:《之江新语》,浙江人民出版社 2007 年版。

[5]习近平:《摆脱贫困》,福建人民出版社 1992 年版。

[6]中共中央宣传部:《习近平总书记系列重要讲话读本》,学习出版社、人民出版社 2016 年版。

[7]中共中央文献研究室编:《习近平总书记重要讲话文章选编》,中央文献出版社 2016 年版。

[8]焦守云:《我的父亲焦裕禄》,人民日报出版社 2016 年版。

[9]张惠芳、王昉编著:《穆青自述》,河南人民出版社 2015 年版。

[10]周长安等编著:《焦裕禄在兰考的475天》,中州古籍出版社2014年版。

[11]胡安志、毕国强编著:《清正廉洁焦裕禄》,河南人民出版社2013年版。

[12]赵瑜:《焦裕禄家风》,河南文艺出版社2018年版。

[13]余玮、吴志菲:《百姓谁不爱好官:焦裕禄画传》,世界知识出版社2014年版。

[14]化汉三:《难以忘却的怀念——焦裕禄回忆录》,河南大学出版社1992年版。

[15]焦裕禄干部学院编著:《焦裕禄精神学习读本》,中共中央党校出版社2018年版。

[16]焦裕禄干部学院编著:《永恒的丰碑——焦裕禄的故事》,大象出版社2014年版。

[17]焦裕禄干部学院编著:《信仰的力量——焦裕禄的青少年时代》,人民出版社2019年版。

后　记

为贯彻落实习近平新时代中国特色社会主义思想特别是习近平总书记视察河南重要讲话精神，深入实施“党性教育提升计划”，进一步扩大我省红色精神影响力，推动党性教育基地内涵式发展，中共河南省委组织部组织相关省辖市委组织部、济源示范区党工委组织部、“三学院三基地”编写了《焦裕禄精神》等6本河南党史党性教育学习丛书，力求全方位、多维度、深层次展示源于河南的红色精神。省委组织部对编写出版学习丛书高度重视，省委常委、组织部部长孔昌生同志审定书稿并作序，在省委组织部有关负责同志指导带领下，省委组织部干部教育处对全书书稿进行统编修改。焦裕禄干部学院具体负责《焦裕禄精神》的起草工作，参与本书编写工作的有：王文凯、明洋、赵兴国、张冲、桑玉洁、张红、王蕾、郭胜华。本书在编写过程中，征求了中共河南省委党校、河南省社会科学院、郑州大学、河南大学、河南农业大学、河南师范大学、河南人民出版社等部门专家意见，在此一并表示衷心感谢！

编　者

2021 年 2 月